庫

すべてが君の足あとだから

―人生の道案内―

佐賀枝夏文

東本願寺出版

プロローグ

ボクの人生は「悲しい物語」からはじまります。

ボクの人生には、自慢できるようなことはなにひとつとしてありませんし、思い出せば苦笑、冷や汗もののエピソードばかりです。

読みすすんでおわかりいただけるとおもいますが、ボクはまるで「捨て子」のような感覚をもって生きてきました。人生の落第生でしたし、おいてきぼりのボクでした。人生の迷子になっていたともいえるかもしれません。

今、いい機会なので、少し勇気を出して今まで歩んだ人生をふり返ってみることにしました。人生を思い出す作業をしていると、しだいに大切な〝転換点〟が見えてきました。

この本では、そんなボクの人生を「起承転結《きしょうてんけつ》」として考えてみました。

書き出してみると、それぞれの時代をひたすら走り、かけ抜けた「足あと」

が残っていることに気づきます。そして、それは消すことのできない、やり直すことのできない、ボクの「足あと」として記されています。

どのような人生でも、やり直し、また、選んだ道を変えることはできません。正直にいえば、ボクの人生はここに至るまで、「迷い」と「逃げること」に懸命《けんめい》な長い道のりでした。今も、安心して安堵《あんど》しているとは言いかねるのですが、人生は「やり直すことはできない」のだと、しみじみおもうようになり、「やり直せない」ということに気づくことで、やっとスタートラインに立てたようにおもいます。

ボクは、「目に見える世界」と、実際に手にできるものや成果だけをたよりにして生きていました。そんな現実主義のボクですから、狭《せま》い考えに凝《こ》り固まっていたのだとおもいます。

「目に見えないはたらき」こそが大切だという道理が、容易にはわかりませんでした。何度も壁にぶつかり、挫《くじ》けなければなりませんでした。それでもボクは、「目に見える世界」だけを見つづけていました。敗北して降参するまで、ボクはしつこく「成果」を第一と考えていたのです。

そんなボクをそっと導いてくださったのは、お釈迦《しゃか》さまが説《と》かれた仏教のさまざまな「み教え」でした。そして、浄土真宗《じょうどしんしゅう》を開かれた親鸞聖人《しんらんしょうにん》のお言葉は、ココロの濁りや曇りを払いとるかのように、ボクに語りかけてくださっていました。

また、人生で出会った先輩、仕事でお会いした方々、友だち、知己《ちき》から時として「ハッとするような言葉」や「じんわりココロに届く言葉」を、実にたくさんいただきました。気づかずに暮らしていましたが、一言一言の語りかけが、ボクの荒れた大地を耕《たがや》してくれました。

そこには「出遇《であ》うことの不思議さ」と「出遇った事実」があったようにおもいます。そしてそれらの事実は、ボクの人生の起承転結の流れのなかでつながり、関係していたのだと気づくことができます。仏教の「み教え」は

「目には見えないはたらき」として、さまざまな出来事との出会いを介して、また、言葉を介して伝わるようです。

ここにつづったことが、あなたの手に届いたのでしたら、どのようにお読みいただいてもいいとおもうのですが、願うことは、あなた自身の「人生」に、今一度、あなた自身が「出遇う」、すてきなことに「気づく」機縁《きえん》となればなによりうれしいです。

それでは、あなたの人生の歩みを、ご一緒したいとおもいます。

この本は、二部構成です。

第一部は、ボクが歩んできた人生の物語を、起承転結の流れで考えてみました。

第二部は、そんな人生を歩んできたボクの体験や考えたことを「ボクのおしゃべり」としてテーマごとにつづってみました。


なお、本文中の『真宗聖典』の引用は、東本願寺出版(真宗大谷派宗務所出版部)発行のものからです。

すべてが君の足あとだから

もくじ

第二章 「承」の物語

第三章 「転」の物語

第四章 「結」の物語

第二部

ボクのおしゃべり

第一部

序章

人生の物語

ボクの自己紹介

まずは、ボクの自己紹介をしたいとおもいます。

ボクは、富山県にある真宗大谷派《しんしゅうおおたには》のお寺に生まれました。そして、京都にある大谷大学の社会福祉の教員を、また、兼務として学生相談室のカウンセラーを約三十年間勤めました。大谷大学はボクの母校でもありますから、ボクはここで、人生の大半を過ごしたことになります。

この学校は、初代・清沢満之《きよざわまんし》学長が開学の辞で「宗教学校」と宣言した学校です。その伝統は百年を過ぎた今も正しく受け継がれています。「学び舎」には、親鸞聖人《しんらんしょうにん》の「み教え」があります。そして、浄土真宗《じょうどしんしゅう》にいつでもふれることのできる「学び舎」です。

ボクの専門は社会福祉学で、相談援助の科目を担当していました。ボクは、保育にはじまり、社会福祉、スクールカウンセラー、職場のメンタルへルスなど、広い領域に関わりをもっていました。これは、よくいえば関心が広いといえますが、浅く上滑りしていたともいえるのかもしれません。正直に告白すると、ボクは最先端の諸科学の成果に関心がありました。「目に見える成果」にすべての価値を見出そうと研究生活をおくっていたのです。

でも、ボクが求める「本当のもの」は、最先端の諸科学や「目に見える世界」にはないということに気がついたのは、教員生活の時間切れ目前でした。

在職していたとき「あなたの専門は?」と問われると、ボクは「臨床心《りんしょう》理士で福祉教員です」とじぶんを紹介していました。しかし今は、とまどいながら、口ごもりながら、「ボクは専門家なんかじゃないです」と、ココロでくり返しています。そして、「ボクは自己中心的で、じぶん勝手な都合のいい生き方をさがしてきただけの人間です」、それに「不平や不満いっぱいに生きてきた人間です」という気持ちが正直なところです。

ボクの人生のテーマは「喪失」

それでは「人生」について、ご一緒に考えてみることにしましょう。「人生」は、どこから考えていいのか、なんともつかみにくいとおもいます。だから、人生を「物語」として考えてみようとおもいました。そのつぎに、「物語」だったら、テーマやタイトルがあると気がついたのです。

ボクは、少年時代に父と死別し、母とは生き別れてしまったので、失うこと、「喪失《そうしつ》」がじぶんのテーマとして相応《ふさわ》しいと考えました。「喪失」をじぶんのテーマにするには、多少の抵抗感はありましたが、ネーミングしてみると、気持ちが「晴れた」気分になりました。

長い間ボクは、まるでじぶんが「捨て子」のような感覚に悩まされてきました。ボクのような「捨て子」は生まれて生きる資格がないのではないか、と真剣に考え、「ボクは、消えていない方がいいのだ」とおもうようになっていました。

悩み疲れたとき、「喪失」という言葉で人生を包んでみると、不思議なことに薄皮がはがれるように、少しですが、ホッとし納得できた気がしました。これは、「宙ぶらりん」だったじぶんを、認めたことで落ち着いたのかもしれません。

その後、ボクが「喪失」「喪失の体験」を研究テーマとしてから、長い時間が流れました。しかし、研究テーマを聞かれると、つい躊躇《ちゅうちょ》してしまうことがあります。それはきっと、「喪失」とは、「失う」ことであり、一般的にはあまり歓迎されることではないからだとおもいます。

ボクの人生に刻まれた「喪失」「悲嘆《ひたん》」には、実は、意味や役割があるとおもえるようになるには、たっぷり時間が必要でした。

でも、模索《もさく》のすえにたどり着いたことがあります。それは、ひとの人生に痕跡《こんせき》を残すほどの「喪失」は、遭遇した「以前」と「以降」とではあきらかに「なにか」が違うのです。そしてそこには、たしかに「目には見えないはたらき」や「気づきの世界」があります。

言葉にすれば「失って見える世界」であり、もう一歩踏み込めば「失わなければ見えない世界」でもあります。「失う」とは、損失だけを意味するのでないということがわかります。

また、喪失は、人生で避けて通ることのできないものであることも事実です。喪失には、人生に設《しつら》えられた意味があり、大切な役割があるようにおもいます。喪失に遭遇して、大切なことに「気づく」ことができれば、そのとき人生は「無駄なものはなにもない」という先人の言葉が証明されることになります。

たしかに、「喪失」を体験すると、失望し悲しみに包まれ、進む道がかき消され、闇に置き去りにされます。しかし、漆黒《しっこく》の闇となった世界に佇《たたず》む人間を、一条の「ともしび」が「ぬくもり」となって照らし、人生を甦《よみがえ》らせてくれます。

人生の物語は、平坦な一本道ではありません。悲しみ、苦しみを生きることで見えてくる世界があるようです。

人生の起承転結

人生には「起承転結」があるとおもいます。

「起」は少年期、「承」は青年期、「転」は中年期、そして「結」は老年期と考えると合致します。

それぞれについておもいを馳《は》せてみることにしましょう。あれやこれや思案して、落ち着いたのが「起」は原風景《げんふうけい》を形成する時代ですから、「ココロのふるさと」ができあがる時代となります。また、そのひとの基本である「性分《しょうぶん》」を形成する時期と考えることができます。

ここで「性格」ではなく、「性分」としたのは、「性格」は環境や関係で多少変わりますが、「性分」は変わることのないものという意味です。

「原風景」も「性分」も簡単に変更ができないという点で共通します。ボクは心理カウンセラーとして、たくさんのひとのおはなしを聞いてきました。相談室を訪ねて来る方のなかには、「生きづらい」「生きにくい」からでしょうか、人生を「やり直したい」「じぶんを変えたい」ということを真剣に考えている方々が多くいます。しかし、人生をやり直すことも、生きにくいからじぶんを変えることも難しいことです。

原風景も性分もそのひとが生きる「かなめ」ですから、扇子《せんす》の「かなめ」をイメージするといいかもしれません。「かなめ」をはずせば扇子はバラバラになってしまいます。「起」は、そのひとの「かなめ」であり、戻るべきところです。

戻るところがない日々は、「宙ぶらりん」といえるかもしれません。

これからおはなしする、ボクの「起」と「承」の物語は、肝心の「かなめ」をはずしてしまった物語です。「かなめ」をはずすと崩れることや、迷子になることをお伝えしてみます。

第一章

「起」の物語

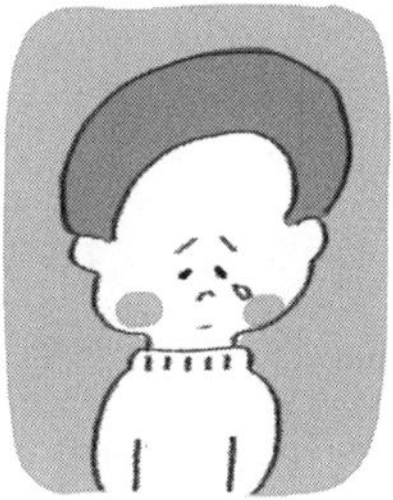

ボクの人生の「起」の物語を紹介しながら、
人生の原風景についておはなししてみたいとおもいます。

勿忘草《わすれなぐさ》と追慕《ついぼ》

あどけない幼児期、ひとはだれもが、親の庇護《ひご》をはじめとして、与えられるものを受け入れて生きています。見守られ、支えられ、その一つひとつを疑うことなく、全身で受けとめて「いのち」をつなぎます。

これからおはなしする、「勿忘草《わすれなぐさ》」につづったことは、ボクが幼児期に体験した回想物語です。そして、「追慕《ついぼ》」としてつづったことは、その後、人生で行きつ戻りつ、反芻《はんすう》してきたことや思い出ばなしを筆にまかせてつづってみました。

これらのおはなしは「別れ」が主題となっていますから、「悲しさ」「さみしさ」をつづることになりました。そして、だれもがそうであるように、ボクの人生で幼児期の「ここ」に原点があり、「このこと」を出発としていたのは事実です。

そしてその後、青年期へ入るボクの、いいしれない「不安」と「不満」でいっぱいの人生に引き継がれることになります。本当は、この幼児期の「起」があって、今のボクがあるのですが、この幼児期がなければボクがいないということに気がつくまでには実に長い長い時間が必要でした。

少年時代の「忘れもの」

ボクの「人生の物語」の、はじまりの記憶をたどってみると、ぼんやりと、しかし、「たしかに」見えてくることがあります。ボクは、じぶんの人生のはじまりで「忘れもの」をした感覚で苦しみました。幼い頃の「忘れもの」が何だったのかと、それを取りに戻りたくて仕方がなかったようです。いつも「忘れもの」のことが気にかかり、ココロが「ここ」になかったのでしょう。その「忘れもの」をそのままにしておいてはダメな気持ちでいっぱいで、だから、過去を引きずっていたようにおもいます。いつまでも「忘れもの」を探し求めるかのように人生を生きてきました。

その時代、そのときを、きちんと生きておらず、それにいつも、明日になれば幸せになれるかもしれないとおもい、「早く明日になればいい」と明日ばかりを夢想《むそう》していました。

「明日」を考えれば考えるだけ、「今」すべきことが色あせるのかもしれません。

おぼろげな記憶をたどり「勿忘草」をつづり、「追慕」すると、さまざまなことの断片が、ややつながることに気がつきます。

勿忘草　父さんが帰ってきた日

「父さんが帰ってきた日」の一コマがぼんやりよみがえります。日ごろ、とんと思い出すことのない風景です。ココロの奥にしまっていたからでしょうか。たどると、その世界は薄ぼんやりとしています。

ボクはその日、お寺の境内《けいだい》で三輪車に乗って父さんを待っていました。おぼろげな記憶は、音がなくシィーンとしています。細長いお寺の参道には両脇に松の樹木があって、雲と青い空、とても静かな、古い写真のような一コマです。

オンボロで赤いペンキがはがれた、おまけに、ペダルがあるだけでこげない三輪車にまたがっているのはボクのようです。そして、サドルが妙に傾いて痛そうな様子です。ゴムでできた粗末《そまつ》な靴を履いて、靴底のペタペタとした違和感を妙に足に感じているようです。

音のない世界の静寂《せいじゃく》さ。その静けさのなかで「父さんが帰ってきたよ」という、かあさんの声を聞いたような感覚だけがあります。なにか、特別な日であったことだけ覚えています。

追慕

この原風景は、たとえるなら、音のない静かな世界に深々と降る綿雪の景色を見ているようです。

やさしい、でも、冷たい綿雪が、静かに舞い落ちるような一枚の絵の世界です。

たしかにボクは、赤い三輪車で佇《たたず》んでいます。このことが、ボクの後の人生の、どのようなことに「つながる」のかは、知るよしもありませんでした。しかし、たしかにこの一コマの原風景が、「今」のボクの「生き方」と深く関わることになります。

原風景は、意図してもつくることができません。ボクのこの一コマが人生にとって必要だったから、奥深いところに大切に保管されていたのかもしれません。

勿忘草　お寺の本堂で…

本堂で、正座してちゃんとしていなければと懸命《けんめい》に座っているボクがいます。お焼香《しょうこう》の順番がきたとき、みんなが見ている、見られていると、妙にがんばっているボクがいます。

お焼香のときは、かあさんを真似て、ちゃんとお焼香をしたようにおもいます。なんだか、みんなの視線を感じてコチンコチンだったこと、お焼香机まで歩くのがロボットみたいにギクシャクしていたことを覚えています。

そして、「が・ん・に・し・く・ど・く」※を聞くと、長いお勤めが終わりに近いことを、このときから覚えたのかもしれません。

※がんにしくどく（願以此功徳）…真宗大谷派で用いられるお勤めの式次第のひとつに「正信偈・念仏・和讃・回向」という順に勤めるものがあり、「願以此功徳」は、その最後の回向の一文。

追慕

このころからボクは、「父さんと早く死に別れした可哀想《かわいそう》な子どもでなければばならない」とおもい込んでいたようです。「不憫《ふびん》さを背負った子ども」を演じて生きはじめた一コマです。

この一コマが、今のボクの「生き方」やものの考え方にも大なり小なり影響しているようにおもいます。

ボクが窮屈《きゅうくつ》なヨロイを身につけて「いい子」を演じるかのように生きはじめたストーリーのはじまりです。「いい子」であることでじぶんを守ったのでしょうか。この窮屈な「いい子」が、さまざまな「生きにくさ」を背負うことになります。

まるで「いい子」でなければ許されないとおもい込んでいたようにおもいます。懸命に身を縮めている子どもがいるとすると、それは少年時代のボクかもしれません。

〝君はそのままでいいんじゃないか〟

この言葉は、ボク自身への語りかけであり、生きにくさを抱えているあなたへの語りかけでもあります。なにも、無理して「大丈夫」を装うことはないでしょうし、卑屈《ひくつ》になることはないということをお伝えしたいのです。

勿忘草 乳金具の思い出

育ったお寺の山門の門柱に、鉄の「乳金具《ちちかなぐ》」という乳房に似た装飾金具があったのを思い出します。

赤茶けて錆《さ》びた鉄金具の、味気なく、そして鉄独特の冷たい金具に、なぜか愛着を感じていました。

その金具は、ボクの背丈でもとどくところにありました。

この金具の鉄の冷たさだけが、くちに残っています。

追慕

この金具のあった山門もお寺も、ボクが小学校二年生のときの魚津《うおづ》大火で焼けてしまいました。焼け跡で金具も赤茶けた破片となったのでしょう。

焼け跡の、なんとも形容しにくい臭いと「真っ黒の世界」、焼けただれたさまざまな釘や金具を目で追い探している少年の姿があります。

この原風景につながるのかわかりませんが、ボクがさみしがりで、いつも、今も、だれかを待つようになったことにつながるかもしれません。

今も、お寺を訪ねたおり、山門にある金具を目で追い、見つけると、なんとも形容しがたい感覚が胸を押しつぶします。

それは、ボクの影の世界かもしれません。影をもって生きているボクは、後ろめたさにも似た感覚がぬぐえません。しかし、ひとには、他者に見せている「表」と、語らなければ他者にはわからない「裏」の影の部分があります。でもそれは、そっと、大切にしておいていいものだとおもいます。

勿忘草

ところてん屋のお兄ちゃん

焼け跡に、仮の本堂が建ちました。本堂といっても名ばかりの粗末な建物でした。

そのころ、お寺で報恩講《ほうおんこう》や永代経《えいたいきょう》のお参りがあるときは、居場所のないボクは、聞くでもなしにご法話《ほうわ》を聞いていた記憶があります。お参り方の「なんまんだぶつ」というどよめきのようなお念仏《ねんぶつ》が、ココロの底にあります。

お寺で、お参りの参拝者に「ところてん」を商《あきな》いしていたお兄ちゃんがいました。ボクは、ところてん屋のお兄ちゃんになついていましたし、お兄ちゃんは、ボクを可愛がってくれました。

そのお兄ちゃんは、手足に障がいがありました。お参りのひとたちが、お兄ちゃんを見る「まなざし」がなんとも冷たかったのがココロに残っています。

追慕

この原風景の一コマは、なぜか、いつまでもココロに残りました。

「ところてん」を商うお兄ちゃんの憂《うれ》いとやさしさにココロが魅かれたようにもおもいます。

ボクが、のちに福祉という進路を選ぶとき、この一コマとつながったようにおもえてなりません。

勿忘草

夜空の星

かあさんにおんぶされて、「夜空の星の一番おおきく輝いているのが父さんだよ」と、はなしてくれたことを思い出します。

背中から伝わるかあさんの「声」を聞きながら、「そうなんだ」とおもっていました。かあさんの背中の「ぬくもり」を感じながら、夜空を見上げていた記憶があります。

でも、「あの星が父さん」とはおもえなかったようにおもいます。かあさんが「あれっ父さんだよ」というのを「うん、うん」と返事をしていたようです。

ある夜道で、かあさんの背中から聞こえる声は、いつもの声とは違っていました。「一緒に、死のう」「父さんのところへ一緒に行こう」という、かあさんの言葉が、ココロに残っています。

ほんとうにかあさんがこのように言ったのか、今では確かめようがありません。

「死ぬこと」がどのようなことか、理解できていなかったのはたしかです。妙に「父さんのところへ一緒に行こう」という言葉がココロに残っています。

追慕

父さんがお浄土《じょうど》へ還《かえ》り、かあさんとボクが置いてきぼりになり、かあさんのつらい気持ちが今になって少しだけわかるようになりました。

でも、この記憶がどのように、ボクの生き方や考え方に関係したのかは、定かではありません。今は、そっとしておくことにします。いつの日か、わかるかもしれません。

父さんのお浄土は、苦痛や苦悶《くもん》のない、静かな世界ということを聞いて育ちました。ただ、家族との死別は、残された家族には重く、悲しみとして残るということはたしかです。ボクが、「喪失」に関心をもち問いつづけたきっかけとなった原風景の一コマのようにおもいます。

勿忘草　富山のデパートで

父さんと別れ、その後、ボクを祖父母に託してかあさんがお寺を出ていきました。月に一度だけ、中間地点にある富山市で会って時間を過ごしたことがありました。場所は、繁華街のデパートでした。

その時間は、楽しくうれしい時間でもあり、つらい別れを体験する場所でもありました。

そのデパートは、当時、富山でただひとつのデパートで、屋上の遊園地にはハンドルがついた自動車の遊具がありました。それには本物のハンドルがついていて、それを握れるのがなによりもうれしかったようです。脱輪しないようにゴールまでドライブするのが、だれよりも上手だと、ボクは妙な自信をもっていました。

デパートの食堂は、ウキウキする格別な場所でした。でも、ボクはいつも、陳列ケースの最下段からメニューを選ぶようにしていました。上の陳列棚の方が高価なメニューだということを知っていたからです。経済的に余裕がない「母子家庭の子ども」だったからかもしれません。

そのデパートの食堂でいただく、かあさんとの「ふたり」での食事がすめば、別れの時刻でした。うれしいはずのデパートのお楽しみや食事が、別れの代償でした。今でも、お楽しみや食事は、楽しいはずなのに、なんだかせつない感じで胸がしめつけられる感覚をもつことがあります。

「あなたが悲しい顔をすると、今度会うまで忘れられなくなるから、笑顔でいなさい」というかあさんの言葉が、つらくココロに残っています。

つらいとき、泣きたいとき、笑顔で…。それは、無理なことでした。

追慕

この原風景の一コマは、ボクが「じぶんのココロ」を殺して生きはじめたことと結びつくようにおもいます。「さみしがり屋」なところは、このときからかもしれません。

かあさんは、父さんがいなくなり、「未亡人《みぼうじん》」と指差されて生きるのがイヤで街を出たということは、のちに聞きました。

ボクは人一倍、突然の出来事が苦手です。突然の出来事に遭遇《そうぐう》すると、ココロの平安を欠いて、怒り出すことがあります。怒って腹を立てても元に戻ることはないのですが…怒りのパニックに入り込んでしまうことがあります。これは、長くボクを苦しめたことのひとつです。

突然の出来事で精神が不安定になると怒り出すひとがいます。この「ココロ模様」がよく理解できるのは、ボクが実際に歩いた道だからです。

語ることで荷下ろしができた気持ちがします。

勿忘草　教室の窓

ボクは、教室の窓の外や雲の流れを飽きもしないでながめている生徒でした。先生の声も、まるでガラス越しに聞いていたような感じがあります。

教室にはちゃんと居ましたし、逃げ出すこともなかったのですが、ココロは教室にはなかったようです。

ボクのココロは、教室から旅立って、空想の世界で遊んでいました。置いてきぼりの身の上を…、また、母を慕《した》い、母に逢いたい気持ちでいっぱいだったのでしょう。

追慕

「夢見る少年」は、なすすべもなく、夢で遊んでいたようです。これは、現実逃避ですから、すすめられることではありません。しかし、夢想という非現実世界であっても「遊び」のときを過ごしたことはよかったのかもしれません。

また、このことは、ボクが学校に行きたくない子どもだったこととつながります。まだ「不登校」という言葉もない時代でした。そして、心理カウンセラーとなって、不登校の子どもたちと出会うなかで、ボクの少年時代を生きている子どもたちにたくさん出会いました。

勿忘草　ココロとからだの不調

気がつけばボクは、母と距離をおくようになっていました。母から見捨てられたという気持ちからか、母を待つことをあきらめたのかもしれません。

そのころから、「ココロとからだ」に不調が現れはじめました。なにかおもいどおりにいかないことがあると、「のどに違和感」を感じるようになっていました。長い間ボクは、この「のどの違和感」「のどの異物感」で苦しみました。

ボクは、だれにも相談することなく、自己流でこの違和感という「症状」と格闘した時期がありました。「のどの違和感」「のどの異物感」を消そうと、コップの水を飲み込んで流そうと懸命になっていました。

追慕

この「のどの違和感」は、ストレス性のもので、精神的に過剰に負担がかかると出ることのある症状のひとつであることは、のちに知りました。成長期の子どもの発達している部位に症状がでるといわれています。ボクは発達部位が咽頭《いんとう》部だったようです。

この「のどの違和感」「のどの異物感」は状態が悪くなると「息苦しさ」を感じるようになります。これは「ヒステリー球」と命名されたストレス症状です。なにかがうまくいかなくて、過剰なストレスを抱えたひとに出る症状です。この症状との格闘をとおしてわかったことがいくつかあります。

そのひとつは、やっかいな「のどの違和感」「のどの異物感」を消そうとすればするほど、症状は悪くなるということでした。のちに会得《えとく》したことですが、「やっかいごと」を排除しよう、消したいと考えれば、さらに状態は悪くなります。症状ができあがるメカニズムは、「やっかいなこと」を消したいと考えることなのです。

「悩ましいこと」や「イヤなこと」を考えれば考えるだけ「悩ましいこと」「イヤなこと」がどんどん大きくなるというのが道理です。

考えないようにすればいいのですが、「考えないこと」は容易なことではありません。ひとは、嫌なことがあれば悩ましくおもい、嫌なことをおもいわずらうものです…。

そして、そのことを解消しようと考えれば、そこから抜け出せなくなります。「からだ」も「ココロ」も許容量を超えて無理を重ねれば、当然のように不協和音《ふきょうわおん》がでます。不協和音が奏《かな》でる心身の症状を軽減することが必要です。しかし、この「ココロとからだ」で歩むしか方法はないのかもしれません。

勿忘草　ボクは円形脱毛症

ボクは円形脱毛症となりました。母を慕い、再会が叶わなかった、ちょうど思春期の前後でした。

育ての親である祖父母は、よかれということを聞いてきては、あらゆる民間療法をたよりに手を尽くしてくれました。「荒塩でハゲをもみ、塩を塗りこむ」「センブリを煎《せん》じて飲む」「高価な新薬の毛生え薬」など、ありとあらゆることをしてくれました。

なかでも、名医の誉《ほま》れたかい医師が見立てて、「女性ホルモンがたりないから注射をすれば治る」ということで、下校時、毎日痛い注射を受けました。そして、太陽灯《たいようとう》という医療機器をすっぽりかぶる治療もしました。注射の痛みと太陽灯の異臭が、今でも記憶に残っています。

円形脱毛症は、「不安」や「つらさ」から、症状として出現するものですから、「塩もみ」「苦いセンブリ」「痛い注射」は逆効果だったのでしょう。

ボクの円形脱毛症は立派なハゲになったのです。

追慕

この原風景から思い出すことは、祖父母の膝を枕に、ハゲを、荒塩やさまざまなもので祈るように語りかけてもらっていた一コマです。

慈《いつく》しみ可愛がって育ててくれた祖父母は、すでにお浄土に還りました。干支《えと》が四まわりも違う孫を育てるのは、手のかかるものだったとおもいます。祖父母が残してくれた立派なハゲは、今となれば祖父母と暮らした「足あと」として、ココロの奥に「ともしび」をともしてくれているようにおもいます。

ボクは、頭にハゲがあることがコンプレックスでしたし、ハゲを理由にイジメられたこともありました。「ハゲを語る」ことができるようになったのは、長い時間が過ぎてからです。隠すべき汚点でもないのですから、そんなにまでして隠さなくてもよかったのに、と「今」おもうのです。

「今」となれば、そのことをじぶんのことのように心配し、さまざま腐心してくれた祖父母のことをありがたくおもいます。

ふるさと

ボクの原風景は、立山連峰《れんぽう》と日本海を背景とした、さまざまな場面で展開しました。立山連峰の冬の凛とした姿は、実に美しいものです。そして、日本海は、波頭《なみがしら》が立ち、磯の香りがします。

原風景は「ココロのふるさと」といわれています。「ココロのふるさと」は思い出として、戻れるところであり、待ってもらえるところでもあるのかもしれません。

しかしボクは、戻りたい「ふるさと」とは考えられなかったときがありました。

でも、少年時代は、ほろ苦い味のする思い出のアルバムのページとして、そっとしておいたらいいのかもしれません。

「起」の物語は、この後につづく、人生の物語の筋道でもあります。物語のなかの少年へ、「今」のボクが伝えたいことは、「急ぐことはないよ。しっかり、『今』を生きなさい。君は、つらくて泣きたいのだったら、しっかり泣いたらいいよ。君は君として、なにも、じぶんを責めることもないからね」と伝えられたらいいとおもいます。

今さらですが、ボクにも「ふるさと」があったのです。

第二章

「承」の物語

「承」の時代は、青年期にあたると考えてみました。ここからは、
ボクの不安と不満でいっぱいだったころのおはなしです。

地図のない旅のはじまり

ボクはいつのまにか「承」の青年期に迷い込みました。はじめの「起」の物語でつくりあげた基盤や基礎を、実際の友だち関係、対社会で試してみる時期になりました。

はじめてづくしの青年期は、未知の世界でもあり、それは「おとな」の世界への入り口でもあります。五里霧中《ごりむちゅう》で突進して傷つく時代ともいえるかもしれません。

無傷で通過することが願われますが、大なり小なり、傷つきます。ボクも例外ではなく、傷つきながら夢中で駆け抜けました。

青年期は社会へ、また、おとなの世界への旅立ちです。ただ、どうしても、孤軍奮闘《こぐんふんとう》し、ひとりで戦っているという意識をもってしまうものです。青年期は、同じ時代を生きているという同世代の感覚と、孤独感という相反する感覚が同居しているようです。だからでしょうか、無性に人恋しく、その反面、孤独を好むという狭間で揺れ動く時代でもあります。

ボクは、青春時代に入り込み、いつのまにか道に迷い、また、じぶんで選んだはずの道に不安になり、途中で挫折し、ときには爆発をくり返していました。

暗闇のなかをさまよい、いうならば「地図のない旅」をしているような時代が、「承」の時代といえるかもしれません。

ボクの「承」の時代は、「不安」と「好奇心のかたまり」の時代であり、退屈、そして、焦燥感《しょうそうかん》の闇の世界でした。

不安との出会い

「不安」と出会ったのは、青年期も終わりがけだったようにおもいます。

青年期はイライラからはじまり、孤独、人恋しさ…いろんなことが入り乱れた時代でした。混乱と迷路の時代といってもいいかもしれません。

そんな時代に、言葉では表現できないような落ち着かない感じに襲われました。それはまるで、つかみどころのない得体の知れないもの、これが「不安」と知るには時間がかかりました。

青年と影

ボクの青年時代のアルバムの古びた写真は、どれを見ても、すねた顔で、どこか不満そうな顔をしています。ボクは、そのころ「なんで」「どうして」をくり返して、不平不満たらたらの青年でした。

「どうしてボクの気持ちをわかってくれないのか」「なんであなたたちはボクと違う考えなのか」という気持ちをココロのなかでくり返し、ひととぶつかってばかりで、窮屈《きゅうくつ》というか、イライラの塊のようでした。なにかおもいが叶わないことがあると、やり場がなくなって表情は消え、ドォーンとこの世の不幸を一身に背負い、周囲の声も、景色もココロに届かない闇の世界に入り込み、そのなかで固まっていたような感じです。

このときのボクは、相手と対話しているのではなくて、たいがいは「じぶん」と対話していました。そして、「じぶん」が正しく、相手が間違っていると考えていました。考えれば、考えるだけじぶんを正当化し、殻をあつくしていきました。

しかし、「じぶん」だけと対話するという作業は、閉鎖していますから、考えても出口がありません。じぶん流の考えと、不平不満がたまるいっぽうでした。

出口のない道を、とぼとぼ歩き、悶々《もんもん》として時間を過ごし、いうならば、「おもいどおりにならない」世界にイライラをつのらせ、なにかのきっかけで触れられると爆発するような危険な青年だったようです。

目の前に立ちはだかる壁に出会うと、その瞬間に「なんで」「どうして」

をとおり越して、イライラが爆発をくり返していました。

まるで、過ぎ去ったことのように書きましたが、今だって引きずっていますから、なにも解決したり、変わっていないのかもしれません。

ボクは、「起」の物語で書いたような、原風景を塗り替えられるものなら塗り替えたい、そして、消したいと考えていました。それは、原風景にある、人生の「足あと」がボクを苦しめている原因だと考えたからです。

「なんで」「どうして」が満タン

ボクの青年期は、今思えば、慢性的《まんせいてき》にイライラを抱えていましたが、将来への期待と不安をあわせ持ち、必死だったことだけは事実です。

「おもいが叶わない」「おもいどおりにならない」のは、じぶんだけだとおもっていました。このくり返しのなかで、ときには「腹立ち」が「うらみ」へ入り込むことがあります。ぶつけようのない感情が行き着くのが「うらみ」です。そして「うらみ」となれば、容易に消えることがありません。ボクの青年期の写真の顔が、すねた、どこか不満げなのは、このことと関係しているようです。

ボクは、おもいが叶わないので、「妄想」に逃れました。そして、そのことで、生きにくさをさらに倍増させました。「ココロとからだ」が不協和音をあげたこともありました。さいわい、幻聴などの症状はでませんでしたが、苦しい時代でした。

でも、ボクのこの経験は、のちに心理カウンセラーとして、不登校の子どもたちに出会ったときに、子どもたちのココロを理解するパイプ役をしてくれました。

たとえば、不登校の子どもたちは、ありえないことを、ひたすら夢想《むそう》していたりします。「きっと、わたしを救いに白馬の騎士がきてくれるんだ…」とぼんやり考える子どもたちもいます。

そのとき、ノートの隅に空想画がこっそり描かれていたりします。それが子どもの精一杯の「あこがれ」であり、夢見る願望だとおもいます。子どもたちの懸命さ、必死な姿にあついものがこみあげてきます。

「妄想」や「妄念」は、一時期のシェルターかもしれません。あやうく「妄想」や「妄念」に取り込まれそうになったということは、懸命に生きようとする証ですから、そのほろ苦い体験も必要なのかもしれません。いつか抜け出して、「現実を生きる」機縁となればいいとおもいます。

すがっているものを手放すには…

ボクが、「妄想」や「妄念」から解放してもらったのは、浄土真宗《じょうどしんしゅう》を開いた親鸞聖人《しんらんしょうにん》の「み教え」に出遇《であ》ったことが大きく影響しています。

親鸞聖人が詠《うた》われた『和讃《わさん》』のなかに、こんな言葉があります。

智慧《ちえ》の光明《こうみょう》はかりなし
有量《うりょう》の諸相《しょそう》ことごとく
光暁《こうきょう》かぶらぬものはなし
真実明《しんじつみょう》に帰命《きみょう》せよ

（『真宗聖典』四七九頁）

ボクは、何度もこの言葉にふれながら、いつも、とおり過ぎていました。この親鸞聖人の『和讃』から、ボクに届いた言葉があります。

「有量」は、限りあるということで、「諸相」とは、ボクも含めてすべての人々ということですから、限りある「いのち」を生きているボクたちみんなということです。限りある「いのち」を生きているという言葉は、新鮮にココロに届きました。

この「有量の諸相ことごとく」という一文から、次のように理解しました。

「おもいが叶わない」なかに生きているボクたち人間は、ときには「妄想」や「妄念」から「うらみ」いっぱいで生きているけれど、「阿弥陀《あみだ》さま」の智慧は、このボクをも包んでくださっている、とボクのココロに届いたのです。このように読めたとき、「妄想」と「妄念」を手放すきっかけをいただいたようにおもうのです。

青年期は「自我意識」が過敏にはたらき、ささいなことでも「妄想」や「妄念」へつながりやすい時期であるといわれます。そのときに「いじめ」や「仲間はずれ」にあえば、たちまち、「どうして」「なんで」とおもうのは当然かもしれません。そのとき「なにかにすがる」「なにかを離せなくなる」のもわかります。

そうして手放せなくなっている子どもたちに向かって、なんの保証もなく、「『妄想』や『妄念』にすがるのは、『あやうい』から止めなさい」と単に言うのでは、むしろ、手放すことができなくなります。

それは、ひとがなにかにすがって、懸命に生きていることに通じるとおもうのです。「学校に行けないこと」「ゲームから抜け出せないこと」「アルコールに依存すること」など、すべてに通じるようにおもいます。

何かに頼り、すがらなくても、ボクたちは「目には見えない世界」のなかで「はたらき」のなかにいる、とおもえたらいいでしょうが、そんなに簡単に受け入れることはなかなか難しいことです。

他者の目が気になる…

もうひとつ、ボクの青年時代は、他者からどのように見られているかということが、とても気になっていました。

また、じぶんだけが苦しんでいるとおもっていましたし、「平静で何事もないようにふる舞い、生きなければならない」と考えて、一生懸命「大丈夫そう」につくろっていました。

他者には、ココロのすきを見せないで、しっかり者を演じていたのです。こんなふうにじぶんをたもとうとしていましたので、けっこう大変でした。ほんとうは、つらいときは、つらそうにしていいのですが…。

他者にはココロのゆらぎを見せないで、懸命に、「外見」「外聞《がいぶん》」を気にして生きていました。他者には、ダメなじぶんを見せてはいけないと考えていることもありました。そうしているうちに、だんだん不自由に小さく固くなるじぶんがいました。無理してがんばっていたようにおもいます。

他者に見せてはいけない「弱み」

他者からよく見られたい「外見」

他者に対して、がんばっている「見せかけ」

愚《おろ》かしいじぶん、不完全なじぶんを隠して、いかにも大丈夫そうに無理して生きる姿も青年期らしいとおもいます。でもボクは、だんだん、大丈夫というヨロイを着てじぶんらしさを失っていきました。

そのように、見せるじぶんに懸命だったボクは、だんだん、ひとを批判し評価して、ひとの欠点や問題をみつけては、「おとな」になった気分でした。

そんなボクが、のちに心理判定の仕事に就《つ》いたのですから、「やっかいな心理判定員」だったとおもいます。専門家としてひとを判定していたのですから、とんでもないことをしていたと反省と自戒《じかい》をしています。

そのままでいいのでは

ひとの非ばかりを見つけて、わかったようになっていたのですが、じぶんを見つめることの大切さに気がついたのは、後々のことですから、お恥ずかしいかぎりです。その転換点になった言葉があります。ご紹介してみます。

実に明快にココロのなかを見抜かれた言葉でした。

賢者《けんじゃ》の信を聞きて、愚禿《ぐとく》が心《しん》を顕《あらわ》す。
賢者の信は、内は賢《けん》にして外《げ》は愚《ぐ》なり。
愚禿《ぐとく》が心《しん》は、内は愚にして外は賢なり。

（『真宗聖典』四二三頁）

これは、親鸞聖人が書かれた『愚禿鈔《ぐとくしょう》』という文章の一節です。ボクはこの言葉に出遇うまでは、まったく逆で「外は賢」を懸命に愚かしく装っていたことになります。「内は愚にして外は賢なり」という、親鸞聖人のお言葉が見事に言い当てられていました。この言葉に出遇い、心理カウンセラーであるボクは、「じぶんを見つめる」「じぶんはどんなひとだろう」というところから再出発したのです。

どのような相談業務でも、自己理解なしにははじまりません。自己理解なしの他者理解はないのです。しかし、他者のさまざまな姿は見えても、じぶんの姿は見えにくいものです。

だからといって、じぶんのココロの世界を正しいとおもいこんで、他者に押し付けることは「あぶない」「あやうい」ことです。また、じぶんのおもい込みの世界を他者に強制すれば、他者は困ることになります。

青年の「あぶない」「あやうさ」の時代

青年期をつづり終えて、ボクの青年期は、実に「あぶない」「あやうさ」を感じます。ただ、この手探りで歩いた「闇」の時代も、無駄ではなかったのかもしれないとおもうことがあります。

ボクたちは、青年たちが暴走したり、引きこもっていたりする姿を見て、「暴走は危険だからやめたほうがいい」、また、「社会や学校に参加したらいいのに」とおもいます。たしかに、暴走は危険をはらみますし、引きこもりによる不利益はあるかもしれません。

ただ、ボクたちが見逃していることがありそうです。それは、暴走や引きこもりという「結果」だけで判断しがちなことです。暴走をはじめ、青年たちの行動からは見えにくいのですが、この問題行動は懸命に「生きよう」としている真剣な姿なのです。

青年たちの「あやうい」「あぶない」生き方に、「生きようとする葛藤《かっとう》や苦悩」があるようにおもいます。「あやうい」「あぶない」では、片付けることのできない大事なことがあるのではないでしょうか。

暴走は、「いのち」をかけてまで、追い求める姿と見れば、暴走する青年の姿から「生きる」とか「いのち」ということが、逆に問いかけてきます。引きこもるのも、そこまでして守るべき「いのち」の尊さを問う姿として映るのです。

ボクたちが「やっかい」として、考えている諸々のことが「生きる」ことに通じていると考えてはいかがでしょう。ボクの「あやうい」「あぶない」青年期も、「生きる」ことへ向かっていたことはたしかです。それが、正しいか間違いかは、いまだに結論はでないのですが…。

この「承」が物語るのは、青年期の無謀《むぼう》な行動も不安な行動も、迷走さえも、懸命に「生きようとしている姿」であるということです。ひとが生きる姿を解く糸口が「ここ」にあると考えてもいいようにおもいます。

そのひとを理解する手立ては、その「やっかい」に見えることをしっかりと見落とさないことが大切です。

ボクたちは、「やっかい」ごとを、軽視しているかもしれません。「承」は、手探り、もがきのエンドレスの時代。もし、あなたが「やり直したい」とココロのなかでつぶやくのでしたら、「あなたはそのとき、懸命だったのですからいいじゃないですか」ということをお伝えしたいのです。

第三章

「転」の物語

悲しみからはじまったボクの人生を
「転じる」ということから考えてみます。

「転」の物語

第一章では、人生の「起承転結」の「起」の大切さをおはなししました。原風景や性分は、「変えてはいけない」「変える必要のないもの」です。「起」は原点ですから、戻るところであり、いつでも、待ってもらえるところと考えてもいいかもしれません。「変える必要のない」ということは、「今、ここ」を生きていることにも通じているようにもおもいます。

それなのにボクは、「捨て子」のような感覚を消したいとおもって、さらに苦しみを倍増させてきました。

そんなボクの物語は、「転」の物語へと進んでいきます。

訪ねて探したのは、ボクと同じく喪失し、悲嘆《ひたん》を体験した先輩たちの「足あと」でした。その方々の人生を調べ始めると、興味深いことに、転換点となったのが「喪失」であり「悲嘆」であることがわかりました。次から次と調べてみました。

それでは、人生の先輩で先覚者である人物を取りあげておはなししてみることにします。

道後温泉と正岡子規

以前、愛媛県の道後温泉《どうごおんせん》を旅したことがあります。道後温泉の風情ある「湯」につかったとき、温泉を注ぐ「湯釜」に、こんな碑文《ひぶん》がありました。

十年の汗を道後の温泉に洗へ

これは、俳人である正岡子規《まさおかしき》の碑文でした。道後の温泉と碑文のやさしさがココロにしみる思い出の旅となりました。

それがきっかけとなり、正岡子規の生涯を調べてみたことがあります。正岡子規は若くして結核の診断を受けています。まだ医療も今ほど発達していない明治の初頭ですから、「死の宣告」といえます。それから、「子規」と名のり、近代俳句の新興に、また、文筆活動に心血を注ぐことになります。正岡子規は、その後、結核菌がもとで脊椎《せきつい》カリエスとなり、病状が進行して三十四歳で命終《みょうじゅう》することになります。

「子規」という名前は、「ホトトギスが血を吐いて鳴くさま」に由来しているそうですから、「おもいどおりにならない病」に向き合う決意を宣誓しての生き方だったといえます。正岡子規は、子規と名のり、懸命に「生きる」日々をおくります。そのことは、闘病記『仰臥漫録《ぎょうがまんろく》』や『病牀六尺《びょうしょうろくしゃく》』などに正岡文学として残っています。この作品には「食べること」が書き尽くされています。生きる意欲は「食べる」に通じますから、正岡子規は「生きる」ことを尽くしたといえるのだとおもいます。また、近代の俳句を樹立し、洒脱なエッセイでつづる正岡文学の世界は、病気を契機《けいき》に輝いたといえます。

正岡子規の「闘病の姿」から、「病」を「得る」という言葉が意味する大切な教えをいただきました。「病」は「老病死《ろうびょうし》」のひとつですが、「転じれば」、輝いて生きる「たね」になるということを教えてもらいました。

飛騨の旅と中村久子さん

厳冬のころ、飛騨高山に旅したことがあります。この旅は、中村久子さんのココロの支えとなった「ひだご坊さん（高山別院《たかやまべついん》）」を訪ねての取材旅行でした。厳冬の高山で「ひだご坊さん」に身を置いてみたいとおもいたってのことでした。訪ねた「ひだご坊さん」の本堂は、凛とした佇《たたず》まいが印象に残っています。蔵を移築した居酒屋でいただいたしっかりしたお酒の味も忘れられない旅の思い出となりました。

中村久子さんについては、ご自身に「障がい」があり、おおくの「障がい」のある方を精神的に支えた方ということで、お名前だけは以前から聞いておりました。

中村久子さんは、飛騨高山に生まれました。二歳のときに手足が凍傷《とうしょう》になり、それがもとで脱疽《だっそ》となっていたので、医師は「切断」という診断をくだします。しかし、このとき親御さんは、あまりにも不憫《ふびん》におもい「切断」をせずに看病を尽くされますが、症状が進行し三歳で「四肢切断」となります。

そこからはじまる中村久子さんの生き方は、大変なご苦労の連続でした。「見世物小屋」での興行生活、結婚、離婚、出産、育児と並々ならぬご苦労をされました。切断した手足への「うらみ」「悲しみ」のなかで暮らされました。

しかし、中村久子さんが晩年に書かれた文章に、次のような内容が記されています。「わたしはたくさんの方にお会いして導かれてきましたが、本当の先生（善知識《ぜんぢしき》）は、無くした手足でした」という内容です。手足を切断したことで、苦しく悲しい生活をされたにもかかわらず、無くした手足が、わたしをここまで導いてくださった先生であったと仰がれたのです。ボクは、この文章に出遇《であ》って、このような世界に中村久子さんが出遇うことができたことに、とても驚きました。

この「転じた」世界は、親鸞聖人《しんらんしょうにん》のみ教えに出遇い、「お念仏《ねんぶつ》」の生活から生まれた世界だといえます。人生の物語が、「起承転結」だとすると、山あり谷ありの起伏もありますが、中村久子さんから、「転じる」ことのできる人生をいただいていることを教えていただきました。

ともしび

正岡子規さん、中村久子さんのおふたりに共通するのは「おもいどおりにならない病」を機縁《きえん》として、苦しいはずの「生きる姿」が、輝く姿に「転じた」ことです。

おふたりの「生き方」は、とても驚きでした。おもいどおりにならないことに腹を立て、悲しみながら、不満たらたらで生きてきたボクには、眩《まぶ》しいおふたりです。正直にいえば、ボクは、いつも「やっかいごと」から逃げようとしていることも事実です。そんなボクに、人生には「転」、「転換」の機縁があることを教えていただき、そして、ココロに「ともしび」を灯していただきました。

糸賀一雄さんの「言葉」

糸賀一雄《いとがかずお》さんについてご紹介してみます。糸賀一雄さんは、滋賀県にある「近江学園」の創設者のひとりで、「知的障がい児の父」と呼ばれた人物です。糸賀一雄さんは、人生なかばで「病を得て」、それを機縁として仏教に出遇います。そのときに仏教の「無財《むざい》の七施《しちせ》」という教えに出遇い、生涯大切に生きられました。五十四歳で命終されるまで、「無財の七施」をごじぶんの教育・福祉実践の徳目とされました。糸賀一雄さんは、戦後まもなく池田太郎さん、田村一二《いちじ》さんとともに滋賀県で「近江学園」の設立に尽力しました。糸賀一雄さんの実践は、近江学園を中心にして「一麦寮」「あざみ寮」「信楽青年寮」「びわこ学園」へと展開し、戦後日本の福祉の原点となりました。

糸賀一雄さんによって示された大切な「言葉」があります。それは「この子らを世の光に」という言葉です。糸賀一雄さんが提唱したころの日本では「この子らへ世の光を」という考え方でした。このことは「恵まれないこの子らへ、あなたの愛の手をお願いします」ということになります。しかし、糸賀さんの「この子らを世の光に」という言葉は、まさに転換の思想から生まれた言葉でした。日本の障がい児の輝ける明日を開いたといえます。糸賀思想は、あなたと出遇った知的障がい児は、あなたを照らす「ともしび」として実践していきなさい、という先生の願いがあるのです。

糸賀一雄さんは、宗教哲学者としての見識と、キリスト者としての生き方を貫いた人物です。しかし、糸賀一雄さんの考えには、仏教の影響もあります。糸賀さんは、前途を嘱望《しょくぼう》されて仕事に着手した真っ只中、肺結核を患《わずら》い比叡山《ひえいざん》のふもとで病気療養を強いられます。糸賀一雄さんの生涯を貫く「一隅を照らす灯」という言葉は、比叡山の開基《かいき》・最澄《さいちょう》の「一隅を照らす」から学んだものだといわれています。病を得て、仏教に学んで見えた世界が「この子らを世の光に」という言葉を誕生させたのです。

糸賀一雄さんが残した教えは、ボクの「病気観」をみごとにくつがえしてくれました。「病を得る」はまさに、「失わなければ」健康という壁で見えなかったものが、「失って」はじめて「いのち」の大切さや輝きが見えたという宣言でもあります。

そして、さまざまな「深い悩み」は、そこにまつわる苦しみ、悲しみのすべてが「いのち」を輝かすための「たね」であることを糸賀一雄さんの「言葉」をとおして認識をあらたにしました。このことがボクのカウンセリングの基本ともなりました。

無財の七施

仏教の教えのなかで、「自と他」の関係性について学んだことがあります。ひとは、「自と他」の関係性のなかで苦しみ悩みます。仏教は、他者を攻撃することではなにも解決しないことを教えています。他罰的な傾向のつよいボクを変えてくれた教えが「無財の七施」の教えです。糸賀一雄さんも大切にされた、「無財の七施」をご紹介してみることにします。

糸賀一雄さんが自らの福祉実践として日々大切にされ、障がいのある子どもへ支援する姿勢として実践の基本とされたものです。

七つの実践は「今」実践できることばかりです。しかし、ひとは忘れがちなことでもあります。やさしい「まなざし」「ほほえみ」。どれも、それらをいただく方にはありがたいことでもあります。

眼施《げんせ》

雑寶蔵経《ぞうほうぞうきょう》というお経のなかに、「やさしい眼差《まなざ》し」を、そして「清浄な眼差し」が必要であるとあります。眼差しはコミュニケーションの重要な「表現」のひとつです。相手に対して「好ましい眼差し」を忘れて、真剣なあまり「きびしい眼差し」になっていることがあります。よい関係をつくるには、話しやすい雰囲気で、「やさしい眼差し」が大切です。物質的な支援ではなく、「やさしい眼差し」がひとを和らげることに通じます。

和顔悦色施《わげんえつじきせ》

我執《がしゅう》を捨てた、微笑みが必要であると説かれてあります。つらい境遇に出あうと、顔色を失うことがあります。人間関係は相互関係ですから、お互いに影響しあい、ココロがゆれることがありますが、慈愛にみちた微笑みで包みこむことで、苦渋から本来の姿へ立ち戻らせてあげることを意味しています。

言辞施《ごんじせ》

やわらぐ言葉が、受け入れられると説かれてあります。ひとは、じぶんの問題を指摘され、欠点をつかれれば、防衛的になります。問題を抱えたひとは、解決するために悩み苦しんだはずです。苦しいなかでの出会いであれば、直接の指摘は、受け入れがたいでしょう。信頼を寄せ、ココロを開くためには「やわらぐ言葉」が必要で大切です。

身施《しんせ》

礼拝《らいはい》の姿勢がおきること、また、ひとを正しく導く態度、うやまう態度が必要であると説かれてあります。「尊い」ひととして「敬う」態度で接することが大切です。ひとが、生きることに意欲的になることができるとすれば、「尊い」ひととして「敬われる」ときかもしれません。

心施《しんせ》

「心施」は、供養《くよう》することを意味するところから、「敬意をもって、ねんごろにもてなすこと」を意味します。そして「仏・法・僧」の三宝《さんぽう》に飲食、香華、灯明をささげることに由来しています。

他者に対して敬意をはらい、ねんごろにもてなす「配慮」が必要です。そこから、生まれるこころ配り、配慮がひとを勇気づけるでしょう。

牀座施《しょうざせ》

相手を尊び、座るところを提供することを説いています。座るところという表現は象徴的ですが、ひとが、さまざまな困難に出会い、「居場所」を失ったとき、「あるがままの姿」として、評価抜きに受け入れられることは大変ありがたいことです。

房舎施《ぼうしゃせ》

「房舎施」は、坐臥《ざが》するところを提供することを説いています。ひとが生きるにはまず「安心」で「安全」な居住空間でなければなりません。さまざまな出来事で「坐臥できる場所」を喪失したひとの「不安」は想像を超えたものがあります。人間の基本的な生存の条件のひとつでもあります。

これらの徳目は、ココロにおいておきたい徳目です。このことを忘れれば、いつしか真顔になり、知らない間にきびしいまなざしとなり、つい、するどい指摘が口をついてでます。それは、相手のココロを閉ざすだけです。「共に生きる」ことは、お互いにココロを開き語り合うことからはじまるようにおもいます。

九条武子さんと関東大震災

歌人として、昭和初期に一世を風靡《ふうび》した九条武子さんという方がいます。ボクは、少年時代からお名前だけは知っていました。それは、育ての親である祖母が、熱心な浄土真宗の門徒《もんと》で、いつもご法話《ほうわ》を聴聞《ちょうもん》して過ごしていて、ご法話で九条武子さんのことをお聞きして、ボクにその話を聞かせたのだとおもいます。

武子さんは、浄土真宗本願寺派の大谷家の娘として誕生します。大谷探検隊としての活躍などで著名な大谷光瑞さんを兄に持ち、才気豊かに育った深窓のご令嬢で、九条家に嫁《とつ》がれました。

そんな武子さんの人生、そして、生き方が転換するのは、関東大震災で被災された一九二三年九月一日のことです。武子さんは、被災し一度ならず三度死線をさまよいます。その後、武子さんは「甦生《こうせい》」という言葉にすべてを託して生きはじめることになります。

この「甦生」、よみがえって生きるという言葉を書簡に残されています。ここを転換点として、生き方が大きく変わったのです。

書簡につづられたものを見ると、震災前は「わたしの悲しさ」「わたしの不憫さ」というものが書きつづられていましたが、震災を契機にして、被災された負傷者や被災して両親を失った子どもたちの支援活動へ身を投じていきます。その足あとが児童養護施設「六華園《ろっかえん》」「あそか病院」の設立という大きな仕事として残っています。武子さんは、支援活動の心労と過労から七年後に敗血病となり四十二歳で命終されました。

九条武子さんは関東大震災ですべてを失いますが、それが転換点となって大きく人生が変わります。「失って見えた世界」、それは「自己中心」から「他者中心」へ、転換したといえるのではないでしょうか。

「出会い」から「出遇う」へ

人生は、さまざまな出来事と出会います。どれもこれも偶然であり、突然の遭遇です。

それは、不自然に、偶然に遭遇するのですが、なぜか、出会わなければならないように遭遇するのは不思議です。突然のことで、だれにとっても、意のままにならないことには違いありません。ときには、おもいが叶わないと落胆し、悲嘆するひともいます。それが、都合が悪ければ悩ましいことの原因ともなります。

人生の「起承転結」の「転」をさまざまな漢字で考えてみました。転回、転身などをおいてみたのですが、なかなかピンとくるものが見つかりませんでした。いつのころからか「転じる」「転換」がいいのではとおもうようになりました。

ちょうどそのころ、心理学者・ユングの、ユング理論のひとつ「布置《ふち》」という考え方に出会いました。ユングは、人生に配置された出来事が単なる配置ではなく「布置」であるということを提唱したのです。

「布置」という言葉の意味は、「配置」と同じなので、置かれているということですが、この「布置」は、「因」と「果」が関係してはじめて意味が生まれるという因果律から考え出されたものです。元をたどれば、仏教の「因果律」という教えに影響されているということになります。

人生に布置されている、さまざまな出来事は、それぞれが関係して意味が見えてくるということになります。まさに、「起承転結」は「起」があり「承」があって、「転」「転じる」機縁となるということが理解できます。「転じて」はじめて、「出会い」が「出遇う」になるのだろうとおもいます。

ボクの道草

ボクは、いつも五里霧中で「なにか」を探し求めてさまよいました。心理カウンセラーの道を選んだのも、福祉のしごとを選んだのも「なにか」を求めていたからに違いありません。

いつも、じぶん勝手な都合のよいことばかりを「夢想《むそう》」していたに過ぎないのだとおもいます。それが「妄想」を追いかけていたということに気がつくまで、ずいぶん長い時間がかかりました。ここが転換点といえるような劇的なことはありませんでしたが、ふり返れば、どれひとつとして不要なことはありませんでした。ボクにとっての「やっかいごと」がのちのちは、じぶんの一部でもあるということに気づかされた、道草のおはなしをしてみます。

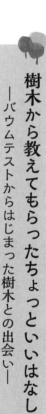

樹木から教えてもらったちょっといいはなし
―バウムテストからはじまった樹木との出会い―

バウムテストとの出会い

これまでおはなししてきたように、ボクの「人生の物語」は、失うことではじまりました。このことが、子ども時代の思い出の大半を占めています。

ボクは、じぶんの境遇をうらんでいましたし、まわりの友だちをうらやましくおもいながら大きくなりました。いつのまにか「なんでぼくが生まれてきたのか」「なんでぼくはこんなにつらいのか」と考え、あっちこっちにぶつかり、そして、つまずきながら生きてきました。

そんなボクはその後、心理カウンセラーの道にすすむことになりました。これは、だれのためでもない、じぶんのための「生きる道」だったようにおもいます。

カウンセリングへの入り口で、「バウムテスト」という心理テストに出会いました。このテストはドイツで生まれたもので、一枚の画用紙に「樹木」をイメージして鉛筆で描くというものです。テストが誕生したドイツでは、伝統的にひとの「生き方」や「生きる姿」を樹木にたとえる文化があり、そういう背景から生まれ、伝承されてきたものです。

「バウム」とはドイツ語で樹木を意味します。みなさんはドイツのお菓子バウムクーヘンをご存知だとおもいます。バウムテストは、樹木画テストとも呼ばれ、画用紙に鉛筆で「樹木」を描くことで判定でき、簡便なことと、さまざまなことが画用紙に投影されるので、日本でもよく研究されていいます。ボクも、その魅力に引き込まれていきました。

少し具体的におはなししますと、「根っこ」をしっかり描いた人に、あなたはなにか問題を抱えていませんかと尋ねると、たいがい、「そうなんです」

と返事が返ってきたりします。また、「切り株」を描いたひとに、あなたは何歳のときになにか「つらい」体験をしませんでしたか、と問いますと、「実は…」と返答が返ってきます。また、「葉っぱ」や「リンゴの実」を描かれた方に、なにか達成したのですかと問うと、「そうなのです、仕事がうまくいって」と返答が返ってくることもあります。このように、描画にさまざまなことが投影されます。

ボクは当初、このテストから、ひとの「ココロの傷」の有無を探していました。しかし、あるときから、樹木の「生きる姿」そのものに関心を寄せはじめました。そのころから、あらたな発見や気づき、出遇いがありました。

壮絶に生きた樹木たち

いつの間にか、樹木に関心を寄せるようになりました。そのきっかけは、NHKで放映していた「世界の三大巨木」というドキュメンタリーを見たことです。

はじめの樹木は、たいへんな洪水で流されて、とんでもないところで「よみがえって」生息した樹木が巨木になったはなしでした。もう一つの樹木は、まだ若木のころに雷に打たれ、たいへんな傷をおった樹木でした。この巨木は雷に打たれて亀裂を抱えて巨木となったものでした。もう一つの樹木は、若木のころ森林火災にあい、やけ跡を抱えて巨木になった樹木でした。

共通するのは、若木のころ「洪水」「落雷」「森林火災」で痛手をおいながら、よみがえって巨木になっていたことです。このことは、ボクにとって、生きることの大きなヒントとなりました。

思い出に残る樹木たち

いつのころからか、樹木に魅せられて、樹林のなかの安らぎもさることながら、樹木たちが自然のなかで、自然や四季を生きる姿に魅力を感じていきました。思い出に残る樹木たちを、いくつか紹介してみます。

断崖を生きる樹木

ボクが東北へ出張したおり、研修施設は裏山を背負うように建っていました。その裏山は、研修施設を建てるために削られて、鋭《するど》い崖《がけ》になっていました。

そこに、一本の屹立《きつりつ》した樹木がありました。樹木の幹は垂直に天に向かっていて、根元を見ると、大変な急斜面なのですが、そこにしっかりと根を張っていました。

実生《みしょう》した双葉のころは、大変だったと想像します。悪条件のなかで成長し、大樹になったことをおもうと、胸に迫るものを感じました。この樹木が「ボクは大変なところに誕生したので、苦労しました。難儀な崖ですが、ボクはここで生きてきましたし、これからも生きていきます」と、ボクに語りかけてくれました。

この樹木は誕生した境遇を受け入れ、生き続けたのですから、その苦節が樹木に刻まれているのを感じました。「生きる」とはこのようなことなのかとおもいました。

不平と不満を抱えて生きてきた、ボクの青年期と重ねて眺めてしまいました。

コブがいっぱいの菩提樹

菩提樹《ぼだいじゅ》は「お釈迦《しゃか》さま」が苦行《くぎょう》の末に、菩提樹の下で静かに冥想《めいそう》されて、生きとし生けるものを救う「さとり」の世界を開かれたといういわれがある樹木です。日本のお寺に菩提樹があるのは、そのことにちなんでいます。

ただ、日本で育つ菩提樹は、「お釈迦さま」が「さとり」を開かれ、教えを説かれたインドの菩提樹とは種類が違うようです。四季のある日本では、

大谷大学にある菩提樹

インド菩提樹が育たないからです。日本でよく見ることができる菩提樹は、似てはいますが、「お釈迦さま」がさとりをひらいた菩提樹とは、違う樹木だといわれています。

ボクが勤めていた大谷大学の正門横に、立派な菩提樹があります（前頁写真）。

ある時期、この菩提樹をあきもせずに眺めていたことがありました。ハートの形をした葉っぱ、春には小さい実がたわわになります。日本の菩提樹は実が小さいので「お念珠《ねんじゅ》」にはできませんが、それでも、たわわな実がなるのは楽しみでした。

四季を菩提樹と一緒に過ごしました。夏が過ぎ、秋を迎えたころ、菩提樹は冬支度をはじめます。すっかり葉を落とし、枝や幹があらわになった菩提樹を見て、コブがいっぱいあることに驚きました。長年の間に剪定《せんてい》されて切り落とされた枝の切り傷が、修復されて、立派なコブになっていたのです。

この菩提樹は、「君もたくさんのココロの傷をもっているようだが、立派なコブになればいいんだよ。コブになれば立派な皮になってさまざまなものから守ってくれるんだよ」と語ってくれました。

大きな葉っぱの菩提樹

ボクの研究室から歩いて十分ほどの距離のところに、京都府立植物園があります。植物園のゲートをくぐったところに温室があり、そこに大きなインド菩提樹があります。

この菩提樹は、数年前に、インドの仏蹟巡拝の旅をしたときに出会った、葉っぱがふっくらして大きかった菩提樹と似ています。日本でインド菩提樹を他の温室で見たことがありますが、そのなかでは格段にのびやかで、これこそがインド菩提樹だとおもいます。

空が晴れていれば、温室のガラスの天窓からのひかりと葉っぱのみどりが

京都府立植物園の菩提樹

調和して、とても美しい姿です。つい「菩提樹さん、待っててくれてありがとう」とつぶやきたくなります。この温室は、アーチも高く大きいのですが、それでも大きく育ったインド菩提樹は、身をこごめて背中をまるめているように見えます。

ときどき、この大きな葉っぱの菩提樹に会いに行きたくなるときがあります。ボクが大切にしている、大好きな樹木です。

大きな石を抱えた銀杏の木

大谷大学のグラウンドの縁に、銀杏《いちょう》の並木があります。なんとなく空を仰げず、うつむきながら重苦しいモヤモヤを抱えて歩いていたときのことです。目にとまったのは、根っこに大きな石を抱えた銀杏の木でした。あゆみをとめて眺めていましたら、じんわりと湧きあがってくるものがありました。

「根っこ」にじぶん自身を置き換えてみました。伸び盛りの根っこにとって、石に遭遇したときは、「なんで、こんなところにやっかいな石があるのだ」とおもったことでしょう。

ボクは、やっかいな出来事に出会うたびに、うらみにおもったり、悲しんだりしてきました。だれかに責任転嫁《せきにんてんか》をしたり、後ろ向きになったりしたことも、しばしばです。

石を抱えた根っこを見て、「歩みをとめることなく進んでいけばいいのだ」と銀杏の木が語ってくれているようにおもえたのです。それに、これほどまでに大樹として屹立できたのは、根っこに大きな石を抱えたからだと銀杏の木は、伝えてくれているようにおもえるのです。

たとえばボクが望むように、もし、やわらかで、さえぎるものがないところで根をはれば、嵐になぎ倒されていたかもしれません。

子ども時代に限ることではありませんが、さまざまな問題に出会います。どんなときでも、愚直につきすすんで、しまいには銀杏の木の根っこのように石を抱えて、立派に強い木になったらいいのだと教えられました。

この銀杏の木も思い出に残る大切な木です。

高倉幼稚園のモチの木

ボクは今、京都にある高倉幼稚園の園長さんをしています。この幼稚園は、親鸞聖人の「み教え」をもととする、真宗大谷派の幼稚園で、高倉会館という長い歴史のある会館に併設された幼稚園です。

高倉幼稚園の園庭には、よく茂った立派な樹木があります。あるとき、どの樹木も、樹齢の割には背丈が低いことに気がつきました。そのなかに、「モチの木」があるのですが、そのモチの木には、とても大きなコブがたくさんあります。

大きなコブはまるで、人間の表情のようでした。幹を触ってみると、まるで「岩か石」のように固いことに驚きました。モチの木と対話してみまし

高倉幼稚園　園庭のモチの木

た。モチの木は、「わたしは苦労しました。というのも、園庭の土壌が固くて、根を張るのがたいへんだったんです。でも苦労して水脈にたどりついて、こんな立派に生きています」とボクに語ってくれました。

このモチの木は、最初に実生してから、苦労して苦労して水脈にたどりついたのだとおもいます。だからこそ、「岩か石」のように固く、強い木になったのではないでしょうか。

「共に」ということを教えてくれた双樹

ある幼稚園の研修会に出かけ、その幼稚園で秋の一日を過ごしました。

そこで、中庭にあるシンボルともいえる立派な樹木に出遇いました。遠目から眺めると、一本の立派な樹木なのですが、日が陰ってきたころ、夕映えに葉っぱが彩りを輝かせたので、近づいてみると、大きく立派な樹木は、双樹でした。双樹として二本が同時に実生して大樹になったものだったのです。

遠目には一本の樹木と見えていたのですが、実生し双葉のころから「共に育った」樹木でした。そして、この双樹は、根っこが連結してつながっていました。

双樹の樹冠部は、それぞれ別々に分かれているのですが、根っこがしっかり結ばれている姿がココロに残りました。

その双樹から考えたことですが、子どもたちは、育つなかで「おもちゃ」の取り合いなど、おもいが叶わない経験から、「じぶん」以外の存在を知ることになります。一見平和な「子ども時代」も、ちょっぴりつらい悲しい場面から、人としての物語がはじまるのかもしれません。だとすると、子どもたちも「おとな」と同じく、「おもいどおりにならない現実」を生きているようです。

幼稚園で見た双樹は、最初、お互いが「じぶん」の場所へ相手が侵入したので、お互いに「あっち行って」「ここは、ボクんち」だと譲らなかったこととおもいます。

たくさんのぶつかり合いとせめぎ合いを経験して育った双樹は、いつしか根っこは連結しココロではつながり、それぞれの枝ぶりが邪魔することなく茂っていました。夕映えにうつる樹木の彩りは、微妙に異なっていました。

この双樹から、「共に育つこと」のむずかしさと、しかし、それを乗り越えた姿を見せてもらいました。双樹の語り合いが聞こえてくるようです。「幼い双葉のころ、よく飽きずに喧嘩したものだ」「あっちへ行ってくれたら、どんなに楽になるかと考えていた。でも、今は、君がわたしを支えて生きられるのだから、感謝してる」「しみじみ、君と生きてきてよかったとおもう」って。

この双樹に出遇って、「共に生きること」「共に育つこと」を教えてもらいました。

余韻

しばらくは、双樹がココロに余韻として残りました。ボクは今でも、人間関係に腐心し日暮らしをしています。他者を「受け入れること」のむずかしさを感じるとき、他者と対立したとき、「心理的距離」を置くか、「避ければ」と考えてきました。たしかに、会わないで避ければ、それも解決の方法ですが、双樹はそうではないことを教えてくれました。

うまくいかない人間関係が生じれば、摩擦《まさつ》を回避するために、「避ける」ことも必要かもしれません。争い、相手を傷つけることをおもうと、回避することも賢明なことです。ただ、これでは、すっきりしない感じが残ります。「あなたはこれでいいのですか」と問われているような気がしていました。

双樹から、「出遇う」ということは意味があり、大切なことだと教わりました。「生きること」「出遇うこと」って、どんなことがあっても「逃げることはできない」「逃げてはいけない」ということを教えられます。人生に布置された出会いや出来事は、都合よく変更したりできないということかもしれません。

「出遇い」「生きる」ということは、「じぶん」の都合ではないのだとおもいます。ボクたちは「なにひとつ」じぶんの都合ではないのですね。ボクは、頭の中で「こうなれば」と、勝手な妄想をふくらませて生きていましたから、この双樹との出遇いは大きなショックでした。双樹は、すべてを受け入れて「そこを、生きる」ことの大切さを教えています。

この「身」をいただいたことが、ただ、それだけで「ありがたい」こととおもいます。

「今、ここ」を生きる

これまで「樹木の姿」から、さまざまなエピソードを重ねて、「生きる」ことを学んできたことをおはなししてきました。

なかでも「思い出に残る樹木たち」のおはなしは、みなさんにお伝えしたいことです。これまで、樹木にちなんだエピソードやおはなしは、たびたびおはなしする機会がありました。ただ、あらためて、このように「まとめ」の機会をいただいて、なんと味わい深いことかとおもったことです。

「大いなるはたらき」のなかで

遅々としたあゆみでしたが、ボクは、いろいろな方から、そして樹木に教えられながら、じぶんのすすむべき道を歩きはじめました。そのとき出会ったのが、河内の赤ひげといわれた医師である恩師です。東欧にいた恩師のもとで、留学生として勉強する機会をいただきました。その間に、キューブラー＝ロスの言説、上田敏の言説に出会い、「失うこと」「悲嘆」についての手がかりをもらいました。

約八年間、恩師のもとでハンガリー方式の療育施設の設立のお手伝いをすることになりました。恩師には「やりたいことはやったらいい」「必要なことがあれば、物怖《ものお》じせずにやればいい」と勇気づけてもらいました。心理学に興味のあったボクに、脳波学や精神神経学を勉強することができるよう、医大の精神神経科教室の臨床見学生として通わせてもらいました。

そしてその後、大谷大学の福祉の教員として教職につきました。研究生活をはじめたころ、学会で仏教福祉学の碩学《せきがく》吉田久一《きゅういち》先生に研究の手ほどきや道案内をしていただきました。吉田久一先生は、ボクが教員となった大谷大学の学祖として仰がれる清沢満之《きよざわまんし》の研究をされていました。学生時代に吉田久一先生の『清沢満之』という本を熱い気持ちで読みました。これも、ご縁となりました。

吉田久一先生の指導によって、ようやくにして、ボクが遠回りしてたどりついたのが、人生の「あゆみ」を調べることでした。年譜をたよりに、人生の「起承転結」をたどる作業をしはじめました。驚いたことに功を成し、名を残した正岡子規、九条武子、中村久子、糸賀一雄の人生には「転換」「転じる」機縁があることを教えられました。

さらに、誰もが「転じる」「転換」、そして、気がつけばその「大いなるはたらき」のなかにいるということをおもいました。

ボクも例外ではなく、こんな不幸なボクでも忘れられることなく「摂取不《せっしゅふ》捨《しゃ》」ですから、いらないひとは誰もいないということにあずかっていることは驚きでした。同じく「転じる」「気がつく」ことが「願われ」、救わずにはおかないと教えていただきました。

ただ、いつまでも自力で抵抗し続けているじぶんがいます。いつまでたっても、気が抜けない、そんなじぶんで行くしか、ボクには方法がないのかもしれません。

碍げが「転じて」無碍に

人生で出会う「さわり」「やっかいなこと」。それは、「碍げ《さまた》」と表現できるかもしれません。この「碍げ」が意味するのは、「前に進もうとすると、そこに岩や石のような障害物があり、進むのを阻《はば》まれる」という意味です。

この「樹木から教えてもらったちょっといいはなし―バウムテストからはじまった樹木との出会い―」の思い出に残る樹木たちは、どの樹木も「碍げ」に出会って前途を阻まれました。しかし、樹木たちは、「碍げ」を受け入れていきます。そして、「碍げ」が「転換」「転じて」、いつしか「無碍《むげ》」となります。もし「碍げ」として迂回したり、排除したりすれば、「碍げ」は「碍げ」のまま残ります。

親鸞聖人のお言葉に「念仏者《ねんぶつしゃ》は、無碍《むげ》の一道《いちどう》なり」という一文がありま す。このことをボクは、樹木をとおして学びました。そして、じぶん流に解釈することが許されるのでしたら、次のように書いてみたいとおもいます。

人生を生きることは、さまざまな悲しいことに出会いますが、その流れにはあなたを目的地へ運ぶはたらきがはたらいているのですから、そのことを疑うことなく深く、正しく信じてください。

第四章

「結」の物語

ボクの人生は「結」、老いの時代に入っていきます。
老いを迎えなければ気づかなかった、大事な世界が見えてきます。

人生の「歩き方」

あなたの人生が、偶然の「出会い」から、大切な「出遇《であ》い」となる…というすてきなことが人生にあるようにおもいます。それは順風が導いてくれるばかりではなく、なかには「悲しさ」「つらさ」から大切な「縁」となることもあります。そこには、言葉に尽くせない「はたらき」が関係しているといえます。

ひとは「悲しさ」「つらさ」にあうと、平静に戻ることを求めます。それは「悲しさ」「つらさ」を受け入れにくいからです。そして、「悲しさ」や「つらさ」は遠ざけ、むしろ消えることを願うのが常です。

しかし、実は「悲しさ」「つらさ」は避けるものではなく、受け入れてはじめて、「はたらき」として気づけるのかもしれません。

また一方で、「受け入れがたい」のは道理《どうり》でもあります。悲しみを尽くし、悲しみに漬かるなかで、「転じる」機縁となるのだとおもいます。簡単に結論じみたことをいうのは、軽率ですが、ボクたちが「悲しさ」「つらさ」に身を置くことができればいいのですが、そんなに簡単にはことはすみません。あるときは逃げ、あるときは迷い、立ち尽くす…。それでも、いつしか「ほのぼの」とかすかに照らされるようにおもうのです。そこには、「涙」も「怒り」も必要なのでしょう。

ボクはおもうのです。人生の道案内人は、「涙」や「悲しさ」、そしてときには「つらさ」だったりするのかなぁと。人生の「歩き方」というマニュアルはありませんが、道しるべとして「涙」が必要なのかもしれません。「悲しみ」「つらさ」が同伴してくれたから歩けるのかもしれません。人生の道草や迷子になったロスタイムさえも、人生の彩りかもしれません。だとすると、ボクの人生のように、逃げるように駆け抜けなくても、もっと、ゆっくり歩いてもよかったようにおもうのですが…。

このような感想は、今になって言えるのかもしれません。もし、「今」あなたが苦しい人生を駆け抜け、走り抜けていこうとされているのでしたら、「悲しみ」「つらさ」「怒り」も捨てることなく、ご一緒にいきませんか、と伝えてみたいとおもいます。

「老い」という時間

人生というものは、いつ、どこで、なにに遭遇するかわかりません。突然に遭遇するさまざまな出来事、ときには茫然《ぼうぜん》自失《じしつ》して立ち尽くすしかないこともあります。それぞれは、脈絡なく起きたかのように見える出来事とおもえるのかもしれません。そしてその出来事が、じぶんに近ければ近いほど感情が揺さぶられます。「起きるべくして起きた」とおもえるまでには、とんでもなく長い時間がかかります。

ものごとの「良し悪し」は、じぶんを中心に考えますから、じぶん抜きには考えられません。ボクは、「変わることなく、その折々に、一喜一憂して生きています。

時間が流れ…、「老い」という時間にならなければ、見えなかったことがあります。人生の道々で出会う出来事は、その理由はわれわれの知るところではないのかもしれません。ただ、出会った出来事のひとつひとつが単独であるように見えますが、そうではないことが後々わかることがあります。その「つながり」が見えてくるのが「老い」という時間なのかもしれません。

ただ、それだけで「ありがたい」

ふと、こんなことを思い出します。

ボクは少年時代に、母の実家の寺に預けられて育てられました。育ての親である祖父は、ボクが家に帰ると決まって「よく、来たな…」と、ただひと言を、いつも変わることなく添えてくれました。明治生まれの寡黙な祖父の

「よく、来たな…」。そのひと言が、すべてを物語っているようにおもいます。

青年期の悩みさまよったときも、お寺に戻るといつも「よく、来たな…」と待っていてくれました。ふるさとのお寺を離れて、疲れ果てて帰省したときも、「よく、来たな…」といつものように迎えてくれました。

ボクは、少年時代、青年期は「やんちゃ」ではなかったのですが、都合が悪くうまくいかないと壁にぶつかり、あたまを打ち、抗弁《こうべん》したときもありました。そのときは祖父と、心理的な距離をおいて遠ざけたときもあります。

でも、いつも変わることなく「よく、来たな…」と迎えてくれました。

そして、帰り際には、「また、待ってる」と、言葉を添えて送り出してくれました。

「よく、来たな…」という言葉はあたりまえすぎて、気にもとめずとおり過ぎてしまっていました。しかし、気がつくと、いつでも、戻れる場所があることを、そして、いつでもボクを待っていてくれるひとがいたことを、しみじみ思い出します。このことがあたりまえではないことを「今」あらためておもいます。

戻れる場所があり、そこには待っていてくれる人がいることは誠にありがたいことに違いないとおもいます。戻る、帰る場所は、ココロの居場所であり、すべてをよしと受け入れてもらえる場所です。ボクも「親」となり、今は「よく、来たな」そして、「また、待ってる」という役割をいただくことになりました。「よく、来たな」に包まれた幸せを「今」になっておもいます。

傷ついたとき、疲れたとき、さみしくなったとき、「よく、来たな」と待たれている「じぶん」を、「ありがたく」おもいます。いつもと変わらないということの「ありがたさ」を「今」味わっています。

静寂に包まれて

ずいぶんたくさんの人びととお別れしました。還暦《かんれき》を過ぎたころには、おじやおば、親類縁者の年配者はほとんどお別れしました。ココロにすき間風のように入り込んでくるのは、「会えないこと」かもしれません。すき間風に「さみしさ」が入り込みます。

すき間風と対話することがあります。静寂に包まれて、会いたいという叶わないつぶやきが口をついてでることもあります。そんな対話のひとときは、静寂につつまれ、「会えないね…」と、ポツリつぶやいてみたりしていま す…。

「老い」て見える世界

ひとのおもいや願いが叶わないことのひとつに「老い」があります。老いに関しての一般的な考え方は、近代化の「以前」と「以降」では大きく違います。

近代化以前は大家族で、支える地域にも地縁血縁者にも囲まれて、老人は長老として敬老されていました。近代化以降は、家族規模が縮小して核家族となり、老人の暮らしや介護などが外部化して、家族ではなく老人ホームなどへ移りました。

また、近代化以前は、老人のさまざまな知恵で諭《さと》す役割もありました。そして、老親に孝行する風土がありました。近代化以降は、産業化が進展し、労働力としては排除の対象となりました。また、長寿となり、老いに対するイメージや考え方は「敬老される存在」から介護される存在となりました。だからでしょうか、「老い」を克服する「アンチエイジング」が流行するのかもしれません。しかし、このことは「時代や社会」とともに変化するものとおもいます。

「時代や社会」が変化しても変わらない「老い」について考えてみることにします。

お釈迦《しゃか》さまが出家《しゅっけ》する由来の物語として「四門出遊《しもんしゅつゆう》」というおはなしが伝わっています。

お釈迦さまは、今から二五〇〇年前、現在のインドの小さな国の王子さまとして生まれられました。

あるとき、お城の外へ出かけようと東の門から出ようとすると「老人」に、南の門から出ようとすると「病人」に、また西の門では「死人」にと、人生において逃れることのできない「老病死《ろうびょうし》」に出会われました。そして、北の門ですがすがしい出家僧に出会い、出家されたといい伝えられています。お釈迦さまが二十九歳のときのことでした。

「老い」は、そのテーマである「老病死」のひとつであり、人間にとって逃れることのできない、じぶんの意思では叶わないことのひとつです。

「老い」に至る人生の歩みは、どれひとつも「夢」ではなく「事実」です。老いの道中は、「叶わない」「意のままにならない」ことのなかで、苦渋を味わい、また、悲しみのなかで、ひとはみ教えを聞き、正しく観ることを知ることになります。それは、「あきらめ」ではなく、「正しく観る」ことで、他人事ではなく、「じぶん」のこととしてみえてくるのだとおもいます。

ボクは樹木からさまざまな教えを聞いてきました。樹木は、陽春に芽吹き、新芽が育ちます。まるで赤ちゃんが育つかのようです。次第に季節が初夏に向かえば、新緑の葉っぱは立派に育ちます。そして、季節が移ろい秋になり冬に向かいはじめ寒風が吹き始めると、広葉樹の樹木は、錦秋《きんしゅう》の彩りをみせてくれます。「老い」の輝きが艶《つや》やかにさえみえます。ひとびとを、「もみじ狩り」に足しげく向かわせるのは、錦秋の彩りに秘められた多くの物語と出会うからではないでしょうか。その背景には、春の桜にはない、「人生の趣」を感じるからのようにおもいます。

そして、落葉の季節を迎えます。しかし、枯れ葉の後には、すでに新芽が準備されていることは、驚きです。「老い」は、単独であるものではなく、「起承転結」のなかにあり、それは、「いのち」の連なりでありバトンタッチのときでもあります。また、大地へ還《かえ》ることは、「いのち」の源《みなもと》である樹木を肥やす滋養となるのですから、「老い」のはたす役割は「尊い」ものであるといえます。

「老い」もこのように考えてみると、「老い」をじぶんのものと独占しているることが間違いであることになります。じぶんの「老い」から、解放されて「つながり」のなかで考えてみてはいかがでしょう。大きな「つながり」のなかに、「連綿とつづく」なかに「いのち」があります。そのなかに、おひとりおひとりの「老い」があるということです。

このように「老い」も、じぶんの手元から解放されてはじめて、「衰えること」から意味が転じて、大きな「いのち」として「よみがえる」という世界がみえてきます。

方言「しもうていかれた」

ボクは、富山の魚津《うおづ》という漁村で育ちました。「おとな」たちは、普段の会話で「だれだれさんが、しもうていかれた（ちゃ）」という言葉を使います。ボクも、そんな言葉を聞いて育ちました。ボクは、雰囲気からなんとなく理解はしていましたが、どのようなことなのかは気にかけていませんでした。なにげない、耳慣れた言葉でした。

この「しもうて」の意味は、後始末するということですから、つまり「片付ける」ということです。とくに丁寧ないい方で敬意を込めたいい方が「しもうて」となります。「いかれた」は、「逝く、逝ってしまった」という意味で、やはり丁寧ないい方です。つまり、お浄土に還ることを「おとな」たちは、「しもうていかれた（ちゃ）」といっていたのです。

この言葉は、その方が「いのち」を丁寧に生きた姿を、そして、お念仏の生活をしてお浄土へ還られたという意味としておとなたちは使っていたようです。お浄土へ還ると聞いてもなかなか、理解ができないのですが、なにげない、言葉に込められた「ぬくもり」とお浄土へ還った方への畏敬を込めたものだったと、今になっておもいます。

老いと沙羅の「花」の色

お釈迦さまは涅槃《ねはん》に入られるとき、お弟子の阿難《あなん》さまに北の方角を枕に、からだを横に、そして足を組んで、沙羅《さら》の双樹の間に寝かせてください、とお願いされたという言い伝えがあります。

そのとき、沙羅の樹木に「白い花」が咲いたそうです。沙羅の樹木に咲く花は「白」であることは、大切な意味が託されているようにおもえるのです。

白はすべてのはじまりです。白はすべてを受け入れる色です。すべてのはじまりが「白」と考えると、大切な意味を感じます。老いに至るまで、人生はさまざまに彩られています。そして、次にはじまる「白」の世界、すべてを吸い取り、すべてを包み込む世界のはじまり…。「白」は音のない世界、すべてを受け入れる世界です。

諸仏《しょぶつ》が、すべてを受け入れ包んでいただいていることにつながるようにおもいます。

しかし、ボクは、今に至るまで、「白」は苦手な色でした。でも今、あらたに沙羅の花の「白」をおもうと、沙羅の花は「白」でなければならないようにおもいます。

すべてを包み込む沙羅の花の「白」に、言葉に尽くせない感慨を覚えるのです。

第二部

ボクのおしゃべり

ここからは、こんな人生を歩んできたボクから
伝えてみたいことをコラムとしてつづってみます。
もし、あなたが今、つらい気持ちで、
もやもやした気持ちでしたら、
このページをめくってみてください。

悲しい気持ちのあなたへ

迷っているあなたへ

怒っているあなたへ

苦しいと感じているあなたへ

「いのち」についてのおはなし

仏教についてのおはなし

「ココロ」についてのおはなし

ココロは、具体的にとらえることの難しいもののひとつです。しかし、人生の伴奏者として生涯をともにしてくれるのが「ココロ」です。

ある心理学の授業で「ココロの形」を描いてもらったことがあります。やはり、「ハート」を描く方が多いのですが、なかには、ウニのようなイガイガを描くひともいました。

「ハート」を描いた方は、ココロが穏やかで平和な気持ちのようです。怒りがおさまらないで腹を立てている方は、ウニのようなイガイガの表現になるのだとおもいました。

正解はないのですが、「今」の気持ちが表現されますから、とても興味深いとおもいます。

つぎに、描いた「ココロの形」の材質はなんですか？ と問いました。ゴムのような弾力があるという方がいました。たしかに、「しなやか」で弾力があれば、ココロが健康だといえるようにおもいます。ボクたちが「いやな体験」や「突然の衝突」など、おもいがけないことに出会えば、一瞬にしてガラスのように冷たくなり「ココロ」が固まってしまいます。

言葉の矢が「ココロ」に刺されば、抜けなくなります。言葉の矢の痛みで枕を濡らすこともあるかもしれません。「ココロ」は「しなやか」で柔軟性があればいいのですが、矢で射抜かれ、また、石が直撃すれば潰れることもあります。傷つけばココロはゴムのしなやかさを失い、もろいガラスのようになります。

そして、ボクたちは「つらい」「悲しい」をココロで感じると、できるだけ遠くにいってほしいと考え、消えてほしいと考えます。でも、

「悲しさ」や「つらい」気持ちを消したいと考えると、「悲しい」「つらい」気持ちがいつまでも居座ることがあります。つらいことを排除しようとすると、「つらい」が増幅して大きくなるようです。「つらい」ことから逃げたい、消したいと考えるのは人情ですが、「つらい」をやっかいものあつかいすると、かえってつらくなります。

「悲しみ」「つらさ」は、消したりするものではないようです。難しいことですが、「悲しみ」「つらさ」を受け入れることができるといいのですが、できなければ、味わってみるのはいかがでしょうか。

さまざまなやっかいごとは、「あぁ、つらい」「あぁ、悲しい」とくり返してみるのもいいのかもしれません。

そのままの、あなたで

人間関係でココロが潰れることもあります。つらい最中の方に、「ココロ」を絵で描いてもらうと、画用紙に小さく描かれます。元気なときは大きくなりますし、元気がなくなれば小さくなるのは、自然なことだとおもいます。

小さい「ココロ」のときは、食欲もなく、眠りも浅く、意欲もなく…となるのも自然なことです。

このようなとき、ある共通したことがあります。「もっと元気を出さなくては」「もとの元気を取り戻したい」という気持ちです。それは、ごくあたりまえのようですが…。

実は、「小さいココロ」を、もとの大きさに戻したいというのは、無理なことで難題です。このように考えるのもわかりますが、それは、不自然な考えということになります。「小さいココロ」のときは、「小さいココロ」でいいのだということをおもいます。

『仏説阿弥陀経《あみだきょう》』というお経のなかに、「青色青光《しょうしきしょうこう》　黄色黄光《おうしきおうこう》　赤色赤光《しゃくしきしゃっこう》　白色白光《びゃくしきびゃっこう》」という言葉があります。青色は青い光をはなつ、というのはそのとおりです。青色が赤い光をはなつことはありません。

人間は、他をうらやましくおもい、また、一斉に同じ方向に向かなくては、という力がはたらくことがあります。でも、そうではなく、「それぞれが、違っていい」という意味です。

「小さいココロ」のときが白色、「元気あふれる」ときが赤色とすれば、それぞれのときは、無理に違った色を発光することはないし、できないということにも通じます。

ボクが学生相談室で会った方々は、そのときの色を、無理に別な発光をしなければと考えて悩みを持続し、悩みを深めていました。

だとすると、「悲しみ」「つらさ」は、そのことが訪れれば、悲しみを味わい、つらさを味わうことしかできないようにおもいます。

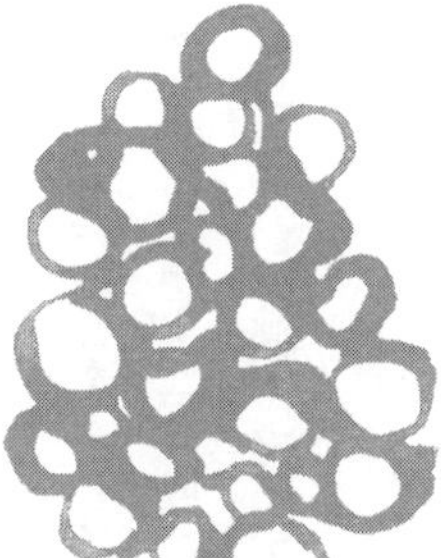

悲しみの味わい方

ボクたちは、誰もが、おしなべて「得る」ことに関心をもっています。「成長」や「育つ」ことに代表されるように、「拡大」「発展」には高い評価をおいて、逆に「失う」ことにはむしろ低い評価やマイナスイメージをもっています。

悲しみの多くは、大切なものやひとを「失う」ことで、はじまる世界であるといえます。代わりがない、代用がきかない、埋めようがないということでもあります。すでに取り返しがつかない、そのことが事実としてあるのでしょう。

悲しみは、だれも、好んで味わいたいものでは決してありません。ずっしり重くのしかかる、払っても拭っても、簡単に消えたりはしません。悲しみは、言葉では言い尽くせません。だから、涙が代わりに「はたらいて」くれるのでしょう。

悲しみの味わい

悲しい時間は、実に密度が濃いとおもいます。その濃さは、時間がゆっくりで、あたかも時間が止まったかのような感じにさえおもえることが証明しています。悲しい時間は、空気が重い、いっぱい詰まったような感覚に包まれます。

でも、不思議なことに、深い悲しみを味わったひとが、実にやさしいココロの持ち主であったりします。悲しみを味わって身につけるということは、やさしいココロになるということかもしれません。重く動かない時間を体験することは、大変なことです。押しつぶされそうになることも、しばしあったでしょう。そこを逃げ出さず、放棄しないで迷いもがき、そのなかで、できあがるのが「慈愛《じあい》」なのかもしれません。逃げ出さないで、投げ出さないで悲しみを味わったひとが手に入れることができるのが、「やさしいココロ」と「他者へのやさしいまなざし」だとおもうのです。悲しみを味わい尽くす、そのなかから誕生するのが「慈《いつく》しみ」なのかもしれません。

失う

ひとは、なにかを失ってはじめて、いかに、それが大切であり、かけがえのないものなのかを知ることになります。その大切なものが、「ひとつ」しかないということをしみじみと知ることになります。ひとつであること、ひとりであることがとても大切な意味をもちます。

悲しみは、はねのけたり、悲しみに負けまいと戦ったりするものではなくて「味わうもの」と考えてみてはいかがでしょうか。

「やさしさ」は、悲しさやつらさから生まれる

ボクたちは、できることなら、悲しいことやつらいことに出会いたくないと考えます。

ボクはずいぶん長く、子どもたちのココロの相談を受ける心理カウンセラーをしてきました。ほんとうにたくさんの子どもたちが相談にきてくれました。なかでも「仲間はずれ」の体験ほど、つらい悲しい体験はないと、聞くたびにおもいます。

だからかもしれませんが、子どもたちは「ひとり」で教室にいることや、「ひとり」でお弁当を食べることをとても気にします。仲間はずれにされて、「ひとり」と見られるのがつらいからかもしれません。思春期と重なれば、とても、重くつらい体験となります。

時間はかかりますが、何人かは悲しい、つらい体験をした子どもが、「まっ、いいか」と相談室から旅立っていきました。そのとき、子どもたちは決まって、「心理カウンセラーになりたい」というのです。それは、子どものココロの相談に乗ってあげるひとになりたいというココロが育つからでしょう。つらい体験をとおして、実に「やさしい」感覚が育っているのです。

悲しいつらい体験には、「はたらき」や「力」が備わっているとおもうのです。それは「やさしさ」を育て育む「はたらき」です。

もしあなたが、つらく悲しい体験をされたのでしたら、「大丈夫、大丈夫」と伝えたいのです。そして、そっと、「そのつらく悲しい体験で、きっとやさしいココロが育つのだから」と願い、大いなる「はたらき」にゆだねればいいのです。

フラッシュバックについて

ボクたちを悩ましく苦しめることのひとつに、つらい体験や悲しい体験の「フラッシュバック」があります。フラッシュバックは、かつて体験したつらく悲しい出来事が閃光《せんこう》のように、あたかもその場面が「今」起きたかのように現実味をおびて再現することをいいます。

それは恐怖体験、悲しみの体験、不安な体験などさまざまです。思い出すことでその人が苦しく悲しい追体験をすることでもあります。フラッシュバックは、時間が経つとしだいに回数が減っていく場合と、いつまでも、くり返して残ってしまう場合があります。

フラッシュバックはその出会った出来事の重大性に影響します。そのひとにとって大変な出来事であれば、フラッシュバックの頻度も高まり、たびたび起こることになります。悩ましいのは、フラッシュバックするたびに深い悲しみの世界へ入り込み、そのことから抜け出るのに時間がかかることです。また、そのたびに「からだ」が不調となり何らかの反応が出ることもあります。

フラッシュバックのココロ模様

フラッシュバックするということは、その出来事に対して、いまだ「ココロの整理」がついていないということでもあります。ですから、急ぐとかえって問題を抱えることになります。できることなら、急がずゆっくり修復に時間をかけたらいいとおもいます。

フラッシュバックには、いくつかの段階があります。まず、フラッシュバックするたびに、「夢」だったらいいのにと否定する気持ちがあります。でも、このときは「ココロのはたらき」として修復している期間ですから、静かに待つのもいいかもしれません。

そのつぎに、悲しみの感情が長く消えない悲嘆期の時期に入る場合がありますす。悲嘆が長く続くのも、修復期間と考えてみてはいかがでしょう。

フラッシュバック——その「ココロの取り扱い」について

ボクたちが、自尊感情を傷つけられるような体験や、とてもつらい体験をしたとき、さまざまな解決策を考えます。「うらみ」としてフラッシュバックすれば、なんとかして「うらみ」を晴らそうと、考えるかもしれません。

しかし、「うらみ」を晴らそうと考えれば、「うらみ」が増大することにもなります。これは、ココロの取り扱いを間違えたのかもしれません。また、じぶんを変えて、対抗するために「強いひと」になることも好ましいことではありません。

むしろ、自然のときの流れのなかで目には見えない大いなる「はたらき」にまかせ、悲しみ、そして涙を流すことはよいことのようにおもいます。涙はやっかいなものを浄化して流してくれます。涙は、修復の作用と力をもっているのですから、時間をかけて無理せずに、急がないほうがよいでしょう。

悲しみは人生の親友⁉

「今」にしておもうのですが、フラッシュバックするのは、ココロが未処理の場合か、または、処理している最中ということです。

どんなことでも、過去に戻ってやり直すことはできません。じぶんが歩いてきた足あとは、消すことも変更することもできません。それはひとと交わり、支え支えられてきた時間やあゆみでもあります。あなたの人生に刻まれた「足あと」でもあります。悲しみは人生の味わいであり、ひだのようなものであり、人生の伴走者かもしれません。寄り添って歩いてくれる人生の親友かもしれません。

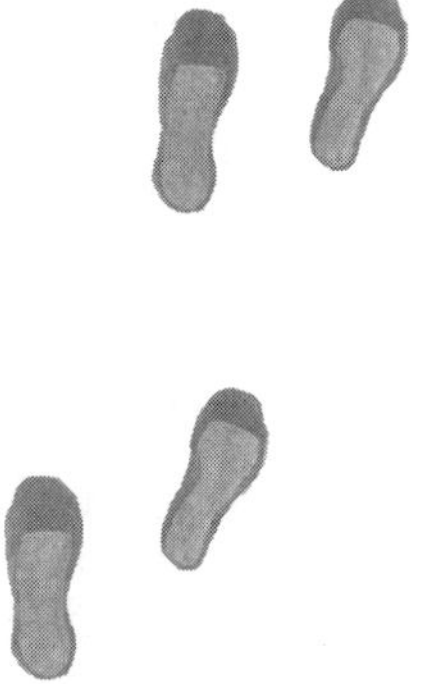

涙の浄化作用

ドイツで生まれた心理テストで「バウムテスト」という樹木画テストがあります。ドイツは森の国といわれているように森に囲まれた国です。ひとびとは森を愛し、その森からたくさんの恩恵を受けながら生活を営んできた歴史があります。

バウムテストが、そのなかから生まれた「心理テスト」であることには、うなずけます。ドイツではひとが育つ様子を樹木になぞらえて表現する伝統的なならわしが、研究蓄積され「バウムテスト」として結実しました。

ボクは永らく、このバウムテストに慣れ親しんできました。

折れた枝、切断された幹

バウムテストは、用紙に描かれた樹木画から得られるさまざまな情報をもとに分析と考察をするものです。ボクがこの心理テストをとおして、着目して考えてきたことがあります。それは表現された「折れた枝」「切り落とされた枝」「傷ついた幹」などです。一般的には、これらの樹木に残された痕跡《こんせき》、切り傷、切り株は、かつて体験した「ココロの傷」の表現だといわれています。

切り落とされた枝、切断された枝、傷ついた幹は、不本意に他者から、ココロを傷つけられた体験や出来事と考えることができます。おそらく、カウンセラーのボクと出会う方々は、その傷がココロの傷となって疼《うず》き、痛んでいる只中だろうとおもいます。それは、語りながら涙を流し、怒りが堰《せき》を切って流れでることからもわかります。

樹木のいとなみ

実際の樹木の切断された幹や折れた枝を見てみると、切断された幹や折れた枝から樹液が出ています。まるで、樹液がその切断されたところを修復している「涙」のようです。これは、自然の営みであり、樹木に備わった「生きる力」でしょう。

また、折れた枝や折れた株とのバランスをとって樹木は生長していきます。日本庭園の老松などは、その様子を観察するには良いとおもいます。

自然に生きる樹木を見ても、無傷で一枝も折れたことのない樹木はありません。樹木は、さまざまなことに出会い、修復を重ねバランスをとりながら、生きているのです。

涙の浄化作用

悲しみに耐えて堰を切って大泣きすること、そのあと、しゃくりあげるようにはじまる嗚咽《おえつ》…。

このときの涙は、浄化作用があるといわれ、傷ついたココロを浄化してくれるといわれています。涙に「ぬくもり」があるのは、きっと冷えたココロをあたためてくれるからでしょう。たくさんの涙は、閉じたココロをしだいにあたため、しだいにやさしいココロを誕生させてくれるのでしょう。

ボクは陽春のころに、庭の樫の木の枝を剪定《せんてい》したことがあります。切り口から樹液がポタリポタリと落ちるのを見て、樫の木が切り落とされた痛みで泣いているとおもいました。このときは、申しわけなくおもいました。のちに庭師さんにこの話をしましたら、樹液で傷口を浄化して傷を修復していくというはなしを聞きました。
涙には「はたらき」があることをしみじみおもいます。

ひとが生きること

ひとは関係のなかで、樹木のように「枝が折れたり」「傷つけられたり」する体験をします。その折々に、樹木が樹液を流すように、人間も悲しみや怒り、涙を流します。樹液が樹木の傷を修復するのと同じく、人間もあふれる涙と感情が修復の作業をしてくれています。日本庭園の老松の樹木が立派に見えるのは、たくさんの涙を流して生きた姿として見えるからかもしれません。

ひとが生きるということは、たくさんの涙が必要なのでしょう。

人間は涙の湖に浮かんだ小船のようにおもうことがあります。涙は、決して尽きることがありません。そして、涙はうつくしく清浄です。

つらい悲しみの形

つらく悲しいことに出会うと、誰しも、このことから早く抜け出したいと考えます。つらい悲しみから抜け出したいというのは、あたりまえで当然といえるでしょう。

つらい悲しみを「形」にして考えてみました。つらい悲しみを抱えたあなたが、透明なボールのなかにすっぽり包まれる状態をイメージしてみてください。包みの外は、他人事で別の世界で遠い世界です。つらい悲しみの包みのなかで、逃げ道がなく循環する重苦しい空気を吸いつづけることになります。悲しみがどんどん深まっていくのはこのような包みが、包んでいるからでしょう。この包みがどのようにして破れてなくなるかということを考えてみました。

悲しみの包みからの脱出

つらい悲しみの包みがしだいに薄くなり、外との交流ができるようになるまでには時間が必要であることには間違いありません。そしてその間、動かずに包みのなかでつらい悲しみを味わうことになります。

不思議ですが、つらい悲しみをしっかり味わえば、しだいに包みが消えていくかもしれません。反対に、つらい悲しみから逃れようともがき回ると包みがかえって強く頑丈になります。強くなった包みは、そのひとの気持ちとは裏腹に、つらく悲しい包みとなってより閉じこめてしまうのです。

「悲しみ」はひとを育てるものだと考えるといいのではないかとおもいます。そして、つらく悲しい涙は、いつかそのひとを癒し、やさしいココロを育てるものと考えてはいかがでしょう。

ひとがつらい悲しみの包みから解放されて動きだし、あらたな第一歩をあゆみだす。その第一歩を踏み出す「言葉」があります。

フランス語でC'est la vie（セラヴィ）。これは、英語でThat's life とかThat's the way it is。訳すと、「これが人生」という意味です。この言葉に込められた人生の味わいがしみじみと伝わってきます。

「これが人生」という言葉が口からこぼれる瞬間に、あきらめではなく、ひとは立ち上がり、つらい悲しみの包みを破ってあらたな第一歩をしるすのです。

喪失体験とココロの「はたらき」

ココロの「はたらき」を考えるには、喪失体験はよいテーマだとおもいます。喪失は「捨てる」とは逆の関係で、じぶんから捨てるのではなく、「奪い取られる」ことです。捨てるはそのひとに意思がはたらいているのですから、反対の意味があります。

そのときの悲嘆の心理について、精神科医エリザベス・キューブラー＝ロスやリハビリテーション医学の上田敏の研究が有名です。

喪失を体験すると、最初にショック期が到来します。このときを表現すると、じぶんのことなのになぜか他人事のようにおもえるのです。じぶんが当事者として直面するのを防衛しているのでしょう。痛みや激痛や重大さも、なぜか、間接的に受け止める状態といえます。これは比較的短時間で消失するといわれています。

そのあと、否認期に入ります。「うそだとおもう」「真実でなければよい」「真実でないだろう」と、事実から距離をおきます。真実でなければよいという祈りにも似た状態と表現できるかもしれません。しかし、起きた事実は消えません。

つぎに「かけひき」がはじまります。たとえばじぶんの一番大切なものを失っているわけですから、それを取り返そうとすることと表現できるかもしれません。これで、うまくいけばいいのですが、うまくいかなければ、どうしてよいかわからなくなり「混乱」「混迷」に入り込みます。解けないなぞに直面するわけです。わからないので「あきらめ」へ行くひともいます。

そして、万策尽きて「悲嘆」へ入り込みます。悲嘆期は事実と直面しますから、理不尽なことと直面することになります。長いトンネルのような悲嘆期です。

ひとはどうしても「じぶん」を中心に考えますから、その中心から考えれば、理不尽であり不条理です。しかし、固まった中心軸を変えることでひとは理不尽や不条理から解放されることが可能になります。でも、そのためには膨大な時間が必要です。

ひとが喪失を体験すると旅にでることがあります。傷心旅行です。景色を変えるというのは、中心を変えることにつながるのかもしれませんね。

悲嘆のはたらき

ボクは、悲嘆について、キューブラー＝ロス、上田敏の先行研究に触発されて興味をもちはじめました。この言説に出会って、大切なことを学び、ボク自身の悲嘆感情の意味を問いました。

悲嘆のあと、キューブラー＝ロスも上田敏も、「結論」ともいえるものを導きだすのです。キューブラー＝ロスは「受容」で、上田敏は「失ったが、残っている発見」へと展開します。たしかにボクは、おふたりの言説に確信をもって評価していたひとりでした。

ただ、いつのまにか、悲嘆期を通過点と考えることにやや疑問をもちはじめました。グリーフケア研究は、もとをただせば、悲嘆の軽減ですから、無理はないのですが、親鸞聖人のみ教えには、悲嘆は消すべきものとは示されていないのです。「悲嘆」については消すべきものではありませんし、悲嘆にはむしろ大きな「はたらき」があるようにおもいます。

悲しみさん、いつまでもそばにいてください

新生児が誕生したときの第一声の「泣く」について、いくつかの説があります。そのなかでボクは、新生児の泣き声は、おかあさんのお腹の羊水から、肺呼吸へ大転換したときの、肺呼吸のスタートとして第一声が「泣き声」だと理解してきました。

悲しみの湖

ボクは、心理カウンセラーとしてたくさんの方とお会いし、いつの間にか、このようなことを考えるようになりました。

悩みには、それぞれに大きさや深さがあるとしても、すべてのひとのココロの奥には「悲しさ」があるとおもいます。それを感じるボク自身

にも、「悲しさ」は当然あります。

いつしか、人間は悲しみの湖に浮いていると考えるようになりました。悲しいときに涙が出るのは、悲しみの湖が堰を切って流れ出るからなのかもしれません。きれいな悲しみの湖のなかに「しあわせ」の浮き島が点在しているような風景が人生なのかもしれません。

誕生の第一声は

新生児の第一声は、おかあさんの胎内から、わかれて独立した「ひとり」として生きる「悲しみ」を、第一声として聞けばいいと考えるようになりました。

悲しみは、遠ざけるものでも、避けてとおれるものでもない。それは、ボクたちの原風景だからです。悲しみが訪れるのは、むしろ、あたりまえで自然なことなのかもしれません。

「悲しみさん、いつまでもそばにいてください」と、そっと携えて人生を歩くのがいいのかもしれません。

人生の四季

人生には大きな節目がふたつあります。そのひとつは思春期です。子どもからおとなへ通過しなければならない通過点です。思春期は「春」が物語るように、これから来る陽春、夏へ向かいます。もうひとつは、思秋期です。「秋」が物語るように盛夏が過ぎ、収穫の秋から、冬に向かいます。この時期は、老いと人生の終章への入り口でもあります。

このように、人生には大きな節目がふたつあることになります。思春期と思秋期に共通するのは、「ゆらぎ」でしょうか。未知の世界への「不安」ともいえるかもしれません。「ココロとからだ」で体験するさまざまな出来事に遭遇し、苦悶し苦闘する時期です。

ひとは、この門を通過するときに、迷走することがあります。思春期には「先々の不安」でやや「神経症的」な状態になる子どもたちがいます。思秋期には、数々のつらい体験から「抑うつ」の精神状態になる方がいます。このような精神状態は、いうならば人生の彩りなのかもしれません。

ボクの好きな言葉に「大迷大悟」という言葉があります。大きく迷うことが、大きく悟《さと》ることへ通じるということですが、そうならなくとも、迷いは人生の道を開いてくれるようにおもいます。

ボクもココロのおそうじ

ボクは整理整頓好きです。ただ、あまり褒めたことではないのです。それは、少し度が過ぎた整理癖があるからです。

いいといえばいいのですが、周りは迷惑していることもあります。後から使おうとおもって出していたものを、ボクがしまってしまう…。家庭平和を保つには、整理しすぎるのも、要注意のようです。

この習癖は、考えてみれば、ココロの乱れや整理がついていないから、せめて見えるところを整理しておきたいのだと、自己分析しています。

さて、お釈迦《しゃか》さまのお弟子さまに「しゅりはんどく（周利槃特）」という方がおられました。いつまでもお釈迦さまの説法《せっぽう》を覚えられず、お釈迦さまが「しゅりはんどく」さんに箒《ほうき》をわたし、手のひらに「ココロの塵《ちり》をはらう」と書かれて掃除をするようにいわれました。「しゅりはんどく」さんは、来る日も来る日も「ココロの塵をはらう」と称《とな》えて修行され、ついには立派なお坊さまになられたというおはなしです。

汚れが落ちにくいのは、きっとひとのココロも同じなのかもしれませんね。ココロに残ったおはなしです。ボクも「ココロの塵をはらう」といいながら掃除することにします。

人間関係の「ズレとおりあい」

「ズレとおりあい」について考えてみることにしましょう。ひとは、おもいがけず、人間関係のトラブルに遭遇し、つらい体験や悲しいおもいをすることがあります。人間関係では他者との意見の「ズレ」や意見の衝突で悲しいことに「言い負かされる」ことがあります。

そのようなときは、腹立ちがおさまらなくて、「なんともかんともならない気持ち」になることがあります。また、ものごとが首尾よくいかないことや、失敗することなども「なんともかんともならない気持ち」が残ります。

ボクがカウンセリングの現場で、出会う方々は、このような気持ちが沸騰してしまって相談室を訪ねてきます。カウンセリングのなかで、もつれた感情の糸をほぐすこと、やり場のない気持ちを整理できたらいいのですが、なかなか簡単ではありません。なかには、抱えた問題やトラブルについて、少しおはなしをすることで、固まった感情から解放されて見通しができることもあります。また、じぶんのココロのなかで混乱した感情を、少しボクにはなしてみることで、鬱屈《うっくつ》した感情から解放されることもあります。このように、カウンセリングの場面で解決の方向へ向かっていただければ、幸いなことです。

しかし、カウンセラーがお手伝いしても、問題がスムーズにいくときばかりではありません。

時間がかかる理由は、考える回路が閉鎖して出口を失い、悩みのなかで疲れはてることにもあります。残念なことですが、抱えた問題から他者を「うらむ」感情が充満することもあります。この場合は「ズレ」がおおきな溝となり、対立してしまうことになります。

ココロの迷路

ここで、問題を整理してみましょう。まずはじめに、問題を早く解決できたグループと解決が難しくなったグループに分けることができます。早く解決できたグループは、あれやこれやと詮索しなかったという特徴があります。したがって、やっかいな気持ちの混乱や「うらみ」が混入していないということが理解できます。

一方の問題解決を遅らせたグループは、問題発生から時間が経過して、幾重にも固着して複雑になり「うらみ」ができあがっていることがわかりました。

抱えた問題の内容に重い軽いもありますが、問題を抱え、つまずいてから、ひとはだれもが解決へ向けて努力しはじめます。その方法は、懸命に解決の糸口やその答えをさがすことや、そのもとになった原因をさがすこと、苦しめている「犯人さがし」「原因さがし」などさまざまです。しかし実は、この方法では、解決へ向かいません。時間もかかり、さらに迷路に入り込み、解決を遅らせることになります。

そして、見逃してはいけない決定的なことは、「解決を急ぐこと」にあります。答えや解決を急げば、「じぶんの気持ち」や「じぶんの立場」を「わかってほしい」というおもいが大きくなります。この気持ちが大きくなれば、「ズレ」は拡大することになります。

人間関係のトラブルを抱えたときに、じぶんの立場と相手の立場の両方を中立的に見ることができると「おりあい」がつきます。「おりあい」がついてみると、見えていなかった相手も同じであったことが見えてくることがあります。

「おりあい」をつけるには

カウンセリングはもつれた糸を解くような作業のお手伝いをすることです。しかし、そのことが過ぎると、どうしたら「楽になれるか」という「解決」のコツを教えることになってしまいます。

おもいが叶わないとき、自己中心的に考えれば、相手を責め、「うらみ」がうまれます。その固着した感情が緩和するには、時間も必要ですが、ほんとうに大切にしたいことは、「許す」こと、「相手の尊さ」を感じることです。このことに気がつかなければ、いつまでも緩和することはないとおもいます。

相手を「許す」こと、「相手を尊いひと」としてとらえることは実に難しいことです。

だから、たやすくは変われないじぶん、便利には動かないじぶんというところに立てばいいのではないかとおもいます。結論はもち合わせていませんが、自己弁護から解放されるのは「負けましたと降参すること」かもしれません。

「聴く・見る」世界から「聞く・観る」世界へ

ボクはある日、通勤の電車で席をゆずられました。まさか、このボクが…。そうか、いかに元気そうに電車で立っていても、わかるんですね。そんなボクの、「ひとり言」を聞いてくださいますか。

ボクは、さみしく、自信のない少年時代に、「じぶんが変わればいい」と真剣に「変わること」や、明日の「幸せ」を待ちこがれていました。じぶんが誕生して「生まれてきたこと」さえも、うとましく、「生まれてこなければ」と考えたこともしばしばありました。

そんなボクは思春期に、気がつけば円形脱毛症になり、神経質な性分になり、なにごとにも自信がなく、まさに「人生の迷子」になっていました。迷子になったボクは、懸命にトンネルから「出口」を探しはじめました。出口の向こうに脱出できれば「幸せ」があるとおもったのでしょう。脱出するために、人一倍がんばったようにおもいます。闇のトンネルから脱出するには、福祉やカウンセリングを勉強すればいいと考え、いつのまにか、福祉の現場で実践とカウンセリングに打ち込みはじめていました。

長い間、懸命に、そして真剣に福祉の現場で仕事をしていました。それは、福祉が必要な子どもたちへ、悩んでいる方に、「少しでも問題の解決のお手伝いができれば」と実践していたのです。

ここまで一読していただいて、間違いではないようにおもわれるかもしれません。でも、ここに、「落とし穴」があったようにおもうのです。言葉にこそしませんでしたが、「真面目に努力すれば、いつかなんとかなるのでは」とおもっていました。これも、常識では間違いとはいえないかもしれません。

しかし、歳を重ねるたびに「じぶん」自身が「やっかいのかたまり」となっていたのです。ひとに「こうすべき」「だから、うまくいかないのだ」と。また「じぶん」に対しても同じです。なんとも「やっかいなひと」ができあがっていました。これでおしまい、としたいところですが、もう少し読み進んでください。

このようなボクのカウンセリングは、実にやっかいなものだったと反省しています。暴走する少年、自傷行為する少女、万引きした少女、過食する女性、不登校の生徒などなどと会いました。はなしを聴いて、いかにもわかった顔をしているのですが、腹の中では「そんなこと、しなければいいのに」と考えていました。ひとのはなしを聴いている格好だけしていたのです。あぁーなんと、恥ずかしい…、「冷や汗」がでます。

歎異抄第二章との出遇い

実は、恥ずかしいことですが『歎異抄《たんにしょう》』を何度読んでもわからなくて…。『歎異抄』とは、浄土真宗の宗祖、親鸞聖人が亡くなられたあとに、お弟子さんの唯円《ゆいえん》さんという方が書かれたものとして伝わっている書物なのですが、そのなかに、こんな一文があります。

おのおの十余《じゅうよ》か国《こく》のさかいをこえて、身命《しんみょう》をかえりみずして、たずねきたらしめたまう御《おん》こころざし、ひとえに往生極楽《おうじょうごくらく》のみちをといきかんがためなり

(『真宗聖典』六二六頁)

これは、まだ今ほど交通が発達していない鎌倉時代に、関東から京都

にいる親鸞聖人のもとへ「極楽往生のみちを問い聞こう」とたずねてこられたひとびとに対して親鸞聖人が語りかけた言葉として残っています。ボクは、この文章を読むたびに、時代が時代だから、遠路の旅路は大変だったろうなと、勝手に考えて読み飛ばしていました。

でもあるとき、浄土真宗の教えって「ひっくりかえる」ことが大事ということに、出遇ったのです。

バイクで暴走する少年、カッターナイフで自傷行為をする少女、コンビニで万引きする少女、拒食・過食する女性、不登校の生徒のひとり残らず、「いのち」をかけて暴走、自傷行為、万引き、そして、不登校をくり返しているということに気がつきました。

この子どもたちは、闇の出口を求めて、その行為である暴走、自傷行為、万引き、過食、そして、不登校をしているということです。ボクが、闇のなかで出口を探していたのと、青年たちが闇の出口を求めて探していることが、まったく「同じ」だったのです。「死にたい、死にたい」という少女の深い叫びは、実は、「極楽往生」を求める「生きたい」という叫びだったのです。

懸命に格闘すれば、ますます「よろい」をまとうことになります。もういいから…。あなたは「大事」、重い「よろい」を脱いでいいのです、という声が聞こえます。

だから、今ボクは、「聞こえた声」を、伝えなければとおもうのです。少し唐突に文章をつづってしまいました。従順に素直に答えを求めていたボクが、カルチャー・ショックを受けた感覚を文章にしてみました。

やさしい声と言葉で、はなしかけていますか

懸命なあまり、つい真顔になっていることがありませんか。そんなとき、あなたの声は固く、くり返しが多く、きつい声になっているのではないですか。そのときは、あなたの「必死さ」「腹立たしさ」だけが相手に届きますが、ほんとうに伝えたい「ココロ」は届かないかもしれません。ほんとうは、相手に届くのは、やさしい声と言葉だけだとおもいます。

真顔

日ごろのさまざまなことに追われて、また、親しい関係だからと、「じぶん」の表情を気にもとめないでいることがあります。このことは、

誰でもない、ボク自身のはなしなのですが、気がつかなければ家族にも、「じぶん」の表情を気にもかけずに過ごしていることがあります。

このときの表情は、そっけなく無表情で、きっと丁寧さもないようにおもいます。しかし、ボクは身勝手なもので、相手が無表情だと、すぐに腹を立てて注文をつけてしまいます。ボクは、欲ばりで家族からも「ほほえみ」がほしいとおもいますし、「じぶん」にはいつも深い関心とやさしさを向けていてほしいとおもうのです。

気がつけば、実にじぶん勝手で欲ばりだと思います。一方通行で不満が大きくなれば、こんなところに人間関係の「すき間」があくのでしょうね。当然だとおもうのですが、丁寧さを忘れて不満のオーラをだせば、家族でさえ遠ざけたいとおもうに違いありません。

言葉が相手のココロに届くためには、よい関係があってこそ成り立ちます。関係が断たれていれば、どんなに正しい言葉でも、それは雑音でしかないでしょう。

あなたの言葉が相手に届かないのなら…

あなたの言葉が、相手の方になかなか伝わらないでイライラしているのでしたら、ちょっと立ち止まってみてください。

こんなときあなたは、あなたの声ではないような声でくり返し、責めるように声かけしています。このとき、聞き手や相手は、しぶしぶ「じぶん」のココロをしぼませて、仕方なくあなたのいうことを聞いているのかもしれません。

ボクはおもうのです。これはズルさと身勝手をぶつけているだけだと。このときの言葉は、「してあげているのに…」「なんで、わからないのか」になっているようにおもえるのです。

〝やさしいまなざし、やさしい言葉を忘れていませんか〟

ひとを傷つければ、傷つくのはあなた

ひとは、暮らしのなかで、人間関係のなかで生きていますから、お互いに傷つけ合うことがあります。ココロが痛み、枕を濡らすこともあるかもしれません。モヤモヤから抜け出したい、「うらみ」を晴らしたいとおもうこともあるかもしれません。しかし、傷つけられたからといって相手を傷つけていいわけではありません。暴言を吐けば、暴力をふるえば、相手ばかりではなく、あなたもさらに傷つくことになるのです。

ひとを傷つければ

人間関係というのは、ある程度、心理的な距離が開いていれば、お互いに傷つけ合わなくてすみますが、近すぎると不本意に相手を傷つける

こともあります。

傷つけ合う関係が続くと、相手をうらむことになります。怒りの感情やうらみを相手にぶつければ、ぶつけられた相手は傷つくことになります。

うらみや怒りを相手にぶつけたからといって、うらみが解消・解決するわけではありません。傷ついた相手は、うらみと怒りの感情をそのまま取り込みますから、うらみと怒りが倍増することになります。これでお互いがぶつかれば、深みに入ります。ぶつけられた相手もつらいのですが、それにも増して、ぶつけた側のひとのココロも荒涼としてさみしくなります。

ひとをうらむことに費やすエネルギーも、そうとうなものです。腹立たしく煮えたぎるココロは、余裕もなく、余力もなく、さらに、食欲も味わう余裕もなく…となっています。

心理カウンセリングで、イジメにあった子から、「どのようにうらみを晴らしたらいいか」という相談を受けることもあります。なかには、イジメ返すのに武闘派になってパワーアップする子どもたちもいます。集団のパワーを借りるのにやんちゃなグループへ入る子どももいます。しかし、残念なことに、やり返しが成功した例はありません…。

はたらきに任せてみては

「言い返す」「相手を言い負かす」などに全力を注ぐのは、じぶんの気持ちをおさめたいからです。しかし、それは、反対のようにおもいます。

こんなとき、「はたらき」に任すのはいかがでしょう。あなたのおもいどおりにはならないかもしれませんが、そこに「はたらく」大いなる力を信じてみてはいかがでしょう。

ひとの対立がいつか消え、それが慈しみと愛おしさに転じると信じてみてはいかがでしょう。

ひとは傷つけられていいひとはいません。ひとを傷つけて愉快なひともいません。ボクたちの知識や知恵は、相手を攻撃するためのものでもないとおもうのです。ボクたちの「言葉」は、だれかをしあわせにするものであってほしいとおもいます。ボクが、そしてあなたがいることで「誰かを支え、誰かに支えられている」のですから…。

怒りの連鎖のしくみ

不快で、つらい体験をするとさまざまな反応が「ココロ」に起きます。なかでも、「怒り」が爆発するような、つらい体験をすると「ココロ」が急に不協和音を主張しはじめます。

それまでは存在すら感じなかったはずなのに、つらい出来事に出会うと瞬時に、存在感をあらわすのが「ココロ」です。

とくに「怒り」を感じると、「ココロ」がさまざまな反応をしだします。ボクの場合は、顔がすぐにこわばり、動作も「ちぐはぐ」になりはじめます。これは、まったくやり場がなく、とてもやっかいです。怒りの感情を爆発させないようにするのは大変な難問題です。

さまざまな「ココロ」の実験をしてみていますが、なかなかうまくいきません。怒りが爆発するのに耐えてみましたが、耐えても、怒りの感情はおさまりませんから、いつか大爆発します。「怒り」の感情は、活火山のようにいつまでも、そっくり、そのまま温存されているようです。耐えるというのは、ただ、モノを包むみたいにラップして温存することなのでしょう。結局は口火を切った瞬間に怒りのスイッチがオンとなり、感情がそのまま出てきてしまうというわけです。

そして、ほとんど例外なく、怒りを相手にぶつければ、お互いに気まずいことになります。そして、取り返しがつかないことになってしまえば最悪ですね。感情の爆発は、言葉をとおして、また、表情を介して相手に伝わります。相手にわからないようにしていても、不思議と伝わってしまいます。

怒りの感情が湧いてくるときは、じぶんの自尊感情が傷つくとき、じぶんの意見がとおらないとき、じぶんが不愉快なとき、などです。このやっかいな「怒り」の感情は、爆発させても、抑えても解決にはなりません。

しかし、ひとは、爆発させることで解決しようとしますし、抑えることで解決しようとします。でも、どちらかというと、爆発すると連鎖がはじまり、しだいに拡大することになります。ということからすると、やっかいな「怒り」の感情は連鎖させないほうが得策といえますね。

「怒り」を再検討してみましょう

「怒り」はわれわれが暮らしていくうえで、たしかにやっかいな感情です。動物の怒りを観察してみると、縄張りとかじぶんの領域へ他者が侵入してくるということに対して防衛としての「怒り」がはたらいているようにおもいます。

人間の生き方は敵対する関係ではなくて、「共生」スタイルで生きているのですから、そういう人間にとって、「怒り」はやっかいです。

悪の自覚

怒りに震え阿修羅《あしゅら》のようにふるまってしまったとしても、ひとは正気になると反省し、なかったかのようにふるまいます。

それは、人間を取り戻したからかもしれません。瞬時に阿修羅が舞い込む、薄皮一枚のすき間から入り込むすき間風、このくり返しを「断つ」のは、難しいことです。

人間は、怒りの連鎖や繕《つくろ》いの日々を生きています。だから、「悪」の自覚が大切なのかもしれません。

ココロの形

「ココロの形」について考えたことがあります。ココロは実際に見ることも触ることもできませんから、「ココロの形」についてイメージしにくいとおもいます。

セミナーやメンタルヘルスの研修会で、参加者に「あなたのココロの形を描いてみてください」とお願いすると、参加者は「うぅー、困った」となります。日ごろ考えることがないからでしょう。

ある出来事に遭遇したり、とてもつらく苦しくなったりすると、今まで意識できなかった「ココロ」が急に存在感を現してきます。その現れ方は、ドキドキしたり、ヒヤリとしたり、やるせない感じになったり、さまざまな反応で現れてきます。そして、その状態に応じて自在に姿を変えます。恐怖を体験すると、からだに緊張が走ったり、震えたり感情が噴出して涙がこぼれることもあります。

このように、形がイメージできなくても、ボクたちは、ココロと大変密接におつき合いしているということです。

ココロの底

ボクが興味をもっていることのひとつに、ひとは、どうしていつも同じパターンで悲しみ、同じパターンで怒るのだろうかということがあります。

怒りが噴出してしまって、周囲に迷惑をかけたとすると、そのときは反省しますが、そのあと忘れたように、また同じように腹を立てて爆発してしまうのはなぜなのでしょうか。

この問いは、実はだれでもないボク自身のことであり、このことに、はがゆいおもいをしています。また、このことで随分と自己嫌悪に陥ったり、精神的に落ち込んだりもします。

これは「ココロの実験」から理解したことなのですが、怒りの感情は、ココロの底に静かに沈んでいると考えてはいかがでしょう。消えているわけではなく、「ココロの底」にあり、外からくるのではないのですね。

このように考えると、納得がいくようにおもいます。ボクたちは、嫌な体験や失敗体験は忘れたいとおもうのですが、実は「ココロの底」に沈んでいるのです。かつて体験したことが「ココロの底」に沈殿するには、長い時間が必要なのでしょう。沈殿して「悪さ」をしなくなればいいのです。すっかり、沈殿してしまえば、「思い出」になります。「思い出」になれば、人生の一部になるのですから、あなたの「じぶんらしさ」となるのでしょう。

怒り方、悲しみ方がその人らしいのは、このような理由と考えてはいかがでしょう。

もし忘れ去り、消えれば、そのひとが生きてきた「足あと」がなくなることになります。ココロに残る傷は、あなたの生きてきた「証明」ですから、さまざまなことをココロの人生のポケットに入れて行くことにしませんか。

「今、ここ」を生きる

ボクたちは、過去、現在、そして明日を生きています。

しかし、「今」がつらく苦しいと、過去を思い出し、明日はなんとかなるだろうと過去や明日へ逃げようとします。

難しいことかもしれませんが、「今」を生きることにこそ意味があります。「今、ここ」を生きるということは、簡単そうですが、たやすくできることではありません。

ボクは、一週間のうち、月曜日から金曜日までは、じぶんの時間ではないと考えて「がまん」して過ごすことがあります。土曜日と日曜日だけは格別なじぶんの時間として、解放されたイメージをもっています。

だとすると、ボクが「生きる時間」は土曜日と日曜日だけということになります。それ以外は、なにか「がまん」して生きていることになります。考えてみると、実体のない過去や明日へあわい期待を託して生きていることになります。あわい期待は、いうならば「妄想」のようにもおもいます。

ボクたちは、先々の不安、過去の出来事をおもい煩《わずら》うことに忙しく過ごしています。しかし、今、見ている景色を楽しむこと、今、いただいている食事を味わうことにつきるようにおもいます。

「物語」が伝えていること

人間が生きるテーマのひとつに「しあわせ」を探すことを題材にした物語があります。

モーリス・メーテルリンク作の童話『青い鳥』は、チルチルとミチルの兄妹が幸せの青い鳥を求めて旅する物語です。この物語は求めていいた幸せの青い鳥は、実は手元の鳥かごにいたという内容です。

あわい期待を抱いて、幸せを探し求める旅をはじめるのですが、探し求めていたものはすでに手元にあるということは、実に意味深いとおもいます。

窮屈なつらさ

「今」を生きることがつらく、苦しいこともあります。「今」の現実が窮屈《きゅうくつ》でつらければ、たしかに逃げたいとおもいます。過去や明日には、窮屈な縛りがありませんから、自由そうに見えるのかもしれません。

しかし、その妄想で生きれば、生きたことにはならない時間を過ごすことになります。窮屈でも「今」を生きるべきだとおもいます。「今、ここを生きる」ことの大切さを感じていただけましたでしょうか。

子どもの生きる姿に学んでは

版画家の棟方志功《むなかたしこう》さんが晩年に到達した世界は、幼児が自由に解放されて遊ぶ世界のような「童画」でした。ボクたち「おとな」は、窮屈で悩ましく生きています。子どもたちの頓着《とんちゃく》しない「遊び」の世界にこそ、ひとの求めている世界があるようにおもうのです。

子育て相談に来られるおかあさまから、子育てを「どうしていいかわからない」という悩ましい訴えを聞くことがあります。

この背景には、伝統的な子育てがなくなり、密室で親子が常に対面して暮らすなかで、多くのおかあさまの訴えは、お子さまが「じぶん」のおもいどおりにならない行動をとることに対して、イライラしてしまうということです。

ある日のできごと

雨上がりの園庭で、ある男の子が水たまりに小石を投げ入れていました。何回も何回も…。

ボクは、なにが面白くて小石を投げ入れているのか、その理由を見つけようとしましたが、結局わかりませんでした。

ただ、気がついたことがあります。ボクたち「おとな」は、行動に意味や目的がなければ納得できません。しかし、子どもは、目的やなにかのためにするという概念がないことに気がついたのです。「子ども」と「おとな」の違いが「ここ」にあることに気がつきました。

童子に導かれ教えられ

ボクたち「おとな」は、いつもなにか目的に向かって行動しています。目的のない行動には、意味がないと考えます。「おとな」からすれば「子ども」の無為な行動は、なかなか認めにくいものです。しかし、「おとな」がつねに目的を追いかけるから、じつは窮屈になっているようにおもうのです。

あなたが、もし、生きづらさを抱えて、そこから解放されたいとお考えでしたら、子どもたちの「無為自然」で、「今」を遊ぶ姿に、目を向けてみてはいかがでしょう。

ひとが「生きる」ということ

ひとが誕生して「生きる」ということ。それは、かならずしも順風ではないことの多い人生です。

ボクは、母からいわれた言葉がココロに残っています。「あなたが生まれなければ、わたしは再婚して幸せだったかもしれない…」。また、きっとボクがわるさをしたときでしょう。育ての祖母の「あんたなんか、ウチの子ではない。出て行きなさい…」という言葉もココロに残っています。

また、嵐の時代といわれる思春期は、すべての原因を「生まれたこと」にあると考えて、ずいぶんと暴言を吐いた覚えがあります。「なんで、生んだのか…」「生まれてこなければ…」と、やり場のない気持ちをぶつけていました。

ボクが心理カウンセラーとして出会った子どもたちは、仲間ハズレやつらい体験から、さまざまないい方で、「なぜ、生まれてきたのか」と訴えました。子どもたちは、やり場のない気持ちを言葉や行動で表現します。なかには、「じぶん」を傷つける子どももいます。

多くの子どもたちが、暴言を吐き暴走する背景には、「傷つき体験」があります。仕返しするかのように暴言を吐き暴走します。

ボクはおもうのです。子どもたちは「じぶん」の傷にふれることで「じぶん」を確かめているのかもしれない、と。その結果として、暴言や暴走がとまらなくなり、さらに傷を深めることになります。子どもたちの行動を見ていると、「そこまでしなくても…」といいたくなります。

しかし、そこに見えるのは、ほんとうは「じぶん」を壊したいわけでも、消えたいわけでもありません。子どもたちが求めているのは「あなたでいい、あなたがいい」という承認だったのです。

さて、四月はお釈迦さまのお誕生月です。四月に「花まつり」の法要がつとめられています。「花まつり」は、お釈迦さまの誕生されたことの伝承に由来しています。お釈迦さまは、ルンビニー園という花園で、母マーヤーさまが無憂樹《むうじゅ》の美しい花を愛《め》でていらしているときに誕生されたと伝わっています。

お釈迦さまの誕生に由来するといわれる樹が、無憂樹と名づけられたことが、長い間ココロに残りました。

無憂…、憂《うれ》いが無い。

気がつけば、「生きる」ことは憂いに満ちています。お釈迦さまが説いてくださった「み教え」は、憂いに「無」をつけ、すべてのひとの誕生、そして人生は「憂いが無い」と説いてくださっています。

そして、そのままのあなたでいいのです、と説いてくださっています。

お預かりした「いのち」

お子さんが誕生すると、「授《さず》かったいのち」と祝福します。「いのち」は、「授かった大切ないのち」と、伝統的に教えられてきました。ただ、今いちど、ご一緒に考えてみたいのです。

授かった「いのち」

ボクは、「いのち」は授かった大切なものと聞いてきました。そのことに、おかしいともおもいませんでした。「やんちゃ」してケガをすれば、「いのち」は大切だから、とコンコンとさとされてきました。ふり返れば、思春期前後の「嵐の時代」には、暴言も吐きましたし、暴走まがいのこともしました。いちいちおもい起こせば、「危ない」時期を通過したものだとおもいます。

ボクは心理カウンセラーとして、暴走した子どもたちの悩みを聞くこともありました。大型バイクでの暴走、リストカットといわれる自傷行為について語ってくれることもあります。子どもたちは、「オレのいのちなんだから、いいじゃないか」「ウチのいのちだから、放っといて」と投げ捨てるようにいうのです。

「授かった」ということは、「じぶんのもの」という所有感覚があることに気がつきました。「授かった」のだから、「じぶん」のものだから、勝手にしていいだろう。子どもたちの暴走や暴言の背景には「じぶん」のものだから、放っといてくれという気持ちがあるのだとおもいます。

預かった「いのち」

後々ですが、人生の半ばに脳卒中の後遺症で「中途障がい者」となったAさんから、「いのちは預かりものだろう」と教えられました。Aさんは、脳卒中で倒れるまでは、「やんちゃ」な生き方をしてきたと語ってくれました。オレの「いのち」だから、なにをしてもいいだろうと考えていたし、勝手気ままにしていたとも語ってくれました。

脳卒中で倒れて、財産を失い、人間関係も失い、じぶんの半身も動かなくなり、すべてを「失って（喪失して）」から気がついたと語ってくれました。

Aさんは、「『いのち』はオレのものではなくて、『お預かりしたもの』だからと考えるようになった。すがるものがなにもなくなって、気がついた」とつけたしてくれました。それからは、丁寧に生きなければと考えるようになったそうです。

それからでしょうか、ボクも、お預かりした「いのち」をお返しするまで丁寧に生きてみようと思うようになりました。

生命の尊厳

ボクが、障がいのある子どもたちの療育の仕事をしていたときのことです。ボクが、障がいについて勉強をはじめたころ、大脳生理学や解剖学の勉強もはじめなければなりませんでした。

はじめてみると、文化系のボクには生物学や基礎医学の勉強は、苦手とするものばかりでした。しかし、そのとき、解剖学の手ほどきをしてくれた恩師が、こんな興味深いはなしでボクを導いてくれました。

すてきなおはなし

このおはなしは、「人間が、生きているということは…」という語りかけではじまりました。

人間の一番深い、わけ入ることができないところに、たとえるなら北海道の摩周湖のような美しい湖があります。さらに、その摩周湖のような湖の湖水は、この世で一番純粋で美しい水です、という内容でした。もし、その湖が汚れるようなことがあれば、人間は生きることができないのです。こんな、すてきな美しい湖をすべての生きている人間はもっているのです。

このおはなしは実は、脳幹の「脳脊髄液です」ということを教えていただきました。脳脊髄液について、実にすてきに教えていただきました。生命維持の基本である「脳脊髄液」について、解き明かしてもらった授業でした。そして恩師は、そのおはなしを「どんな罪人でも、また、どんな状態でも、脳脊髄液がミクロの単位で濁れば生命は維持できないのです」という言葉で結ばれました。

吸い込まれるように、しみわたるように教えていただきました。このおはなしは、人間が頭で考えるような知恵を超えた「からだ」であることを考える機縁となりました。そして、ボクが、今にいたる「からだ」を考えるときの原点がここにあります。

ボクが探し求めなければならないことは、このようなことだったのかもしれません。探して、求めるべきことは、実はこのような「すてきな世界」なのかもしれません。このおはなしは、「生命の尊厳」を考える機縁となりました。加えて、このおはなしは、それ以降のボクの「考え方」の大切な源《みなもと》となりました。

「アーラヤ識の世界観」へ誘われて

ボクは、心理学に魅力を感じて、カウンセリングを勉強しました。心理学のなかでもカウンセリングは、悩ましいココロと向き合うのですから、悩ましい人生を送ってきたボクにはピッタリだったようです。

しだいにカウンセリングや心理テストに関心が向きました。そのころ、障がい児の療育方法を勉強するため、ハンガリーに留学する機会がありました。そこで、丁寧に療育方法を教授され、そのおり、その療育方法は、仏教の「自然法爾《じねんほうに》」の考えが土台になっていることを聞きました。

辿れば、その療育方法は、大谷大学の先生であった鈴木大拙《だいせつ》先生が欧米で広められた仏教に影響を受けたと教えていただきました。このことは、驚きでもありました。これは、心理学といえばジークムント・フロイトだと考えて傾倒していたボクにとって、カルチャー・ショックを受けることになりました。

そこから、仏教の深層心理学ともいえる「アーラヤ識」に関心が向きました。

ボクは、心理カウンセラーとしてカウンセリングをするにあたって、フロイトの「無意識の世界」が入り口でした。多くの精神医学者や心理学者は、フロイトの発見した「無意識の発見」の恩恵を受けているといっていいとおもいます。今ではあたりまえの言葉として「無意識」という言葉を使っていますが、フロイトが発見するまで、「無意識」という概念さえなかったのですね。しかしアーラヤ識の教えに出会ってから、ボクのカウンセリングのスタイルが大きく変わったのです。

「アーラヤ識」は、インド古典語の梵語《ぼんご》を漢訳し、音を写して「阿頼耶識」とも表記されます。その意味は「八識」のひとつで、一番深い心、「諸法展開のよりどころとなる根本の心」ということです。このアーラヤ識は、フロイトの発見した「無意識」に似ているので、類似概念として比較されることがありますが、異なると考えた方がいいとおもいます。

仏教の説いたアーラヤ識の教えに魅力を感じたのは、「根元的な深いところにある心」、つまり、「いのちの源」というところでした。

もっとも深いところから、つきあげてくるアーラヤ識は「いのちの源」ということですから、すべての悩ましい出来事は、病理問題として考えるのではなくて、「いのちの源」からの、大切な問いかけとして考えればよいということは勇気と希望をいただきました。

悩みを「いのちからのはたらきかけ」として考えれば、「やっかいなこと」であったことが、気がつけば、大切な「はたらき」とおもえばいいということになります。

そうすると、「見えなかった世界」が開かれたようにおもえました。ボクがつづった何篇かは、そのようなアーラヤ識の教えから見えてきたことです。

だれも見捨てることはない――摂取不捨――

「摂取不捨《せっしゅふしゃ》」という仏教の教えについておはなしをしたいとおもいます。ボクはいつも、見捨てられるのではないか、ということに悩んでいました。このことを、ご自分の生き方で教えてくださったのは、真宗大谷派の僧侶である二階堂行邦《にかいどうゆきくに》師（一九三〇―二〇一三）でした。

二階堂先生に連れて行ってもらった居酒屋さんで、教えていただきました。二階堂先生は「摂取不捨」とは、「無条件で受け止める、摂《おさ》めとって捨てないということですから、どんなものでも受け止めてくれるということが人間にはどうしても必要なのです」とおっしゃいました。

二階堂先生の「無条件」と「人間にはどうしても必要なのです」という言葉は、先生のそばでボク自身が体感して教えていただきました。

ボクたちは、「無条件」ということを忘れて生きているような気がします。何でも「条件つき」で生きていないでしょうか。

「健康でなければならない」「大丈夫でなければならない」が条件となります。このようにすべてに「条件づけ」をすれば、生きづらい問題を抱えたひとは、条件を満たすことができない存在となります。

人間が「老病死」を生きるということは、完全無欠では生きることができない存在ということでもあります。ひとは、老病死と出会います。また、「人間にはどうしても必要なのです」ということは、どのようになろうとも無条件で「ありのままの姿」でよいと受け止めてもらう世界が必要であるということです。「ありのままの姿」を受け入れられているから、「今、ここにいる（生きている）」ことが成立します。物心両面で「それでいい」という世界がなければならないとおもうのです。

カウンセリングでは、クライアントの「ありのままの姿」の大切さを基本に考えます。また、「今、ここ」を生きるということを基本としています。

ボクは、カウンセリング理論からこのふたつを基本として学んだのですが、本当にうなずけて理解できたのは、だれひとり捨てられることなく、無条件で受け止められる存在であるという前提がある仏教の「摂取不捨」の教えに出遇ってからのことです。

二階堂先生とお会いしておはなししているときは、「摂取不捨」について詳しくお聞きしたことはなかったのですが、お人柄、物腰から、居酒屋さんで杯を傾けながらおはなしされた先生の言葉がよみがえります。やはり、人生をとおしての語りだったとおもいます。

これからも、くり返し、味わうことにします。師と居酒屋さんで、粋ですてきな語り口調…。ボクも、まねてかっこよく語ってみたいな、いつか…。

「地獄と極楽」のおはなし

ボクの好きな、仏教の法話《ほうわ》のひとつに「地獄《じごく》と極楽《ごくらく》」のおはなしがあります。少年時代に、この法話を聞いた記憶がありました。最近ことに、大切な教えとして考えています。ご紹介してみます。

このおはなしは「地獄と極楽」の食事の時間を垣間見るところからはじまります。地獄と極楽の食事の時間というと、地獄は貧弱で、極楽はすてきなご馳走《ちそう》を連想しますが、地獄も極楽も食卓には同じようにたくさんのご馳走が運ばれてきます。地獄と極楽の食事は、なにひとつ違わないのです。

ボクたちの食卓とただひとつ違うのは、お箸が長いことです。とてもとても長いお箸で、じぶん自身の口にはとても運べないような長さです。そして、地獄も極楽も食事がはじまります。

それぞれの食事場面を垣間見ると、地獄では、じぶんの前のご馳走を他者にとられまいと長いお箸で食べようと懸命になっています。しかし、長いのでじぶんの口に運ぶことができません。地獄では、つらく悲しい世界がくりひろげられています。

では、極楽の食事場面を垣間見ることにします。極楽では、長いお箸で向かいあった他者に食べさせてあげています。お互いに自らのものを他者に与えて食事をしているのです。極楽のひとはにこやかに、他者に感謝しながらココロ豊かに食事をしているというおはなしです。

このみ教えは、自己中心的な考えが、ほんとうはじぶんを窮屈に縛ることをたとえばなしとして教え説いているようにおもいます。「気配り」「配慮」の他者中心の考えは、じぶんのココロの縛りを解きはなしてくれることを教え示しているようにおもいます。他者の心地よさは、誰でもないあなたを心地よくしてくれます。「自利利他《じりりた》」ということが思い出されます。

「仲良く」「仲むつまじく」という、ただ、この一言の難しさ…。「平和がなにより」といいつつ、戦い、衝突し、傷つけあう…。難しいのか、難しく考えすぎているのか…。

共に生きる

「共に生きる」は、心地よいひびきの言葉ですが、ボクがココロにとどめるまでには、ずいぶん時間がかかりました。理解の入り口は、「共に仲良く生きる」とはまるで逆の、「ひとを傷つける出来事」からでした。

相談室で出会った方々は、ココロに傷を受けた方です。相談室で語られる内容の多くは、人間関係のもつれですから、人間同士が仲良く暮らしている世界とは、かけ離れた場面です。そして、ボクもそれを追体験していたことになります。相談室に限りませんが、ボクが、「なぜひとは傷つけあうのか」ということを悩ましく考え過ごしていたときに、『仏説無量寿経《ぶっせつむりょうじゅきょう》』の法蔵菩薩《ほうぞうぼさつ》さまの願いをかけられたおはなしに出遇いました。

説かれているおはなしは、法蔵菩薩さまが、四十八の願い（四十八願《しじゅうはちがん》）をたてて、その願いが成就《じょうじゅ》しなければ「ほとけさま」にはならないと誓われたおはなしです。

そのことを考えながら、つぎのようなことを考えてみました。

親子

「親と子」のどちらかがつらく悲しければ、この親子は二人ともつらく、悲しい気持ちになります。「親と子」のどちらかが朗らかで楽しい気持ちであれば、この親子は二人とも楽しく朗らかな時間を過ごすことができます。

友だち

三人の友だちのだれかがつらく、悲しい気持ちであれば、この三人の友だちは、悲しい気持ちで時間を過ごすことになります。この三人の友だちのうちひとりが楽しく、解放された気持ちであれば、この三人の友だちは朗らかで楽しい気持ちで過ごすことになります。

家族

家族のだれかがつらく、気持ちが落ち込んでいれば、この家族はみんなつらく悲しい時間を過ごすことになります。この家族のだれかひとりの気持ちが解放されて、楽しければこの家族はみんな朗らかで楽しい時間を過ごすことができます。

教室

ある生徒がつらく、悲しいおもいをしているのなら、担任の先生もつらく、悲しい気持ちになります。そして教室の友だちみんながつらく、悲しい時間を過ごすことになります。ある生徒がとても楽しく、朗らかであれば、その担任の先生も、教室の友だちみんなも朗らかで楽しい時間を過ごすことができます。

学校

ある教室が楽しければ、その学校全体が楽しい雰囲気になります。でも、ひとつの教室がバラバラであれば、この学校全体のまとまりがなくバラバラとなります。

ある街

街の、ある家が悲しくつらい暮らしをしていると、その家だけではなく街全体が悲しくなります。ある家が朗らかで楽しければ、その家だけではなく街全体が朗らかとなります。

ある国

ある国が悲しく、つらい状態であれば、世界中がつらく、悲しくなります。ある国が平和で朗らかであれば、世界中が平和で、朗らかになります。

ひとは関わりあって生きている

このように考えるといくつかのことが見えてきます。大切なことは、

「だれか」は、じぶんと関係したひとであるということです。

人間が生きるということは、実にさまざまな関係と親密につながっているといえます。

ボクは、このことをつづって、今までに関わったカウンセリングでおこなった家族療法や働くひとのメンタルヘルスに、すべて関係して成り立っているとおもいました。このことを大切にしたいとおもいます。

すべてが君の足あとだから

夏に、京都の東本願寺で開催された、子どもたちとのサマーキャンプ（同朋《どうぼう》ジュニア大会）に参加しました。比叡山の樹林の散策、みんなでおいしくいただいた「おにぎり」の味、そして笑顔がココロのアルバムに残っています。なかでも「おのおの十余か国のさかいをこえて…」にはじまる『歎異抄』の第二章をみんなで声にだして拝読したことが、思い出として残りました。

サマーキャンプのテーマが「いのち」ですから、子どもたちと共に「問う」「尋ねた」こととあい通じていたようにおもいます。子ども時代にシャワーのように親鸞聖人のみ教えをあびることで、「いつか、大切なことに出遇える」ようにおもいます。

子どもたちとの出会いを機縁に、「じぶん」の少年時代を思い出しました。まるで「闇」のなかを「迷子」になって歩いていました。その持ち物は「不安」でした。それは親との別れがあったからです。いつまでも引きずるものだとおもいます。もう、いい加減にとおもうのですが、色濃くボクの人生に刻まれています。そのあとの青年期は、先の見えない「とらえどころのない社会という世界」からの出口を求めてさまよいました。求めていたものは、何だったのか、とおもいます。

還暦を越えた「今」でも、こころぼそく、また、だれかに頼りたい気持ちがある「じぶん」がいます。また、ささいなことでもおもいが叶わないと「腹立たしく」、ときには自制がきかなくなる「じぶん」がいます。

長い間、いつも苦しんだのは「なんで、生まれたのか」「どうして、生きるのか」ということでした。今も、未解決のままで、「今、ここ」

にいます。おもえば、長い道でした。そして、まだしばらく続くのかもしれません。

ボクの姿は、「気の弱い」「自信のない」「ひとをうらやむ」、なんともカッコわるい「じぶん」です。この「じぶん」ではダメだから、つくり代えようとしていたときがありました。そのときは、ココロが混乱し迷った時代だったようにおもいます。

苦しみながら探し求めたものが、『歎異抄』の第二章「…たずねきたらしめたまう御《おん》こころざし」にあたるようにおもうのです。しみじみおもうのですが、こんな「じぶん」ですが、そのままの姿で「いいのですよ」と親鸞聖人のお言葉が聞こえてくるようにおもいます。

「今」、生きることを「苦しい」とおもうひともいらっしゃるかもしれません。「苦しいこと」を解決するということは、実は「やっかいなこと」から逃げるわけではないようにおもいます。

ボクたちは傷つくこともあります。負けることもあるかもしれません。このすべてが「じぶん」の生きた「あかし」として考えてはいかがでしょう。

求めるものが、身近なところにあることを教えていただいたようにおもいます。すこし『歎異抄』が、身近に感じられるといいですね。

おのおの十余《じゅうよ》か国《こく》のさかいをこえて、身命《しんみょう》をかえりみずして、たずねきたらしめたまう御《おん》こころざし、ひとえに往生極楽《おうじょうごくらく》のみちをといきかんがためなり

（『真宗聖典』六二六頁）

あとがき

原稿のご依頼をいただいてから、ずいぶん時間が流れました。この企画を東本願寺の出版部からいただいたとき、いつものクセで目論見もないのに、なんとか書けるようにおもったので引き受けてしまいました。ボクは、そのころからメールの悩み相談をはじめましたので、しばらくは、「忙しくて」の言い訳が通用したのですが…。ずいぶんと長い時間が経ってしまいました。

言い訳ではないのですが、至福の時間のなかにボクはいたことになります。このいただいた時間の流れのなかでボクは、たしかにのらりくらりしていました。この茫洋《ぼうよう》とした大海を漂《ただよ》わせていただいたなかで、いくつかのテーマと出会い、老病死について「考える」時間をいただきました。

時間をかけたのに答えはありませんが、ただ、「病気になる」が、いつしか「病を得る」という言葉に出会うことができました。「死に別れ」は、その悲しみが慈しみの源であることにも出会いました。そして、最後まで身近に感じられなかった「老い」が、「老いて見える世界」という世界へと転じることになりました。

つたない筆でつづったことが、いつのまにか「転じる」ことへ歩んでいました。とても大切な「転じる」「転換」という言葉…。知りたいことのひとつです。考えてわかる世界でもなかったようにおもいます。

「今」になって、人生には「無駄はなにひとつない」ということがうなずけます。

そして、言い訳ではなく、「今」に至っておもうのは、「原稿の依頼」というはじまりがあり「今に至る」までの時間の流れのなかにいたからこそ感じ、考えられたことだとおもうのです。「原稿の依頼」という出来事が「布《ふ》置《ち》」となって、一書として世に出せるということが、とてもありがたくおもいます。

そして、原稿でつづった文章から、読者の方が「布置」と、いつしか「転じる」を読み取っていただければ、なによりうれしくおもいます。遭遇した出来事が、時間が流れ、いつしか「つながる」ことの不思議、そこにはたらく「はたらき」の大切さを感じます。

ボクは、青年時代、あまり丁寧に生きてこなかったのですが、「今」を生きてみたいとおもいます。

ボクは、ボク自身がじぶんで傷つけたココロをもてあましてきました。手足は、正直にいえば逃げるためや要領よく生きるために使ってきました。また、言い訳や無駄口に口や言葉を使ってきました。

今おもうのです。人生を丁寧に歩くために手足を使いたい、ひとをいたわるのに言葉を使えたらいいとおもうのです。叶わないかもしれないのですが、そのようなことをおもうのです。

もう、余分な言葉は無用かもしれないのですが、今、世間で常識として、あたりまえとして考えられていることを逆さまに観て再考したらいいとおもうのです。

「老病死」を越えた世界は、実にのびやかな世界だということを先輩たちから教えていただきました。がんばらなくてもいい世界と表現していいのかもしれません。大いなる「はたらき」を信じて身を任せばいいという声が聞こえてくるようです。

このささやかな一書が、あなたと親鸞聖人とをむすぶ、道しるべになればとおもうのです。

人生とは、しみじみと滋味《じみ》溢《あふ》れるものだとおもいます。

二〇一六年一月

佐賀枝　夏文

佐賀枝夏文（さがえ　なつふみ）
1948年、富山県魚津市にある、真宗大谷派のお寺・榮明寺に生まれる。大谷大学教授を経て、現在は、同大学名誉教授、高倉幼稚園（京都市）園長。また、臨床心理士として長年カウンセリングにもかかわる。
著書に『わかってたまるか！　ウチらの言い分』、絵本『ぼくは いま ここにいる』『君はそのままでいいんじゃないか』（いずれも東本願寺出版）など多数。

すべてが君《きみ》の足《あし》あとだから　―人生の道案内―

2016（平成28）年2月28日　第1刷　発行

著　　者　佐賀枝夏文
発 行 者　里雄康意
編集発行　東本願寺出版（真宗大谷派宗務所出版部）
〒600-8505　京都市下京区烏丸通七条上る
TEL　075-371-9189（販売）
075-371-5099（編集）
FAX　075-371-9211
E-mail shuppan@higashihonganji.or.jp
真宗大谷派（東本願寺）ホームページ
http://www.higashihonganji.or.jp/
印 刷 所　シナノ書籍印刷株式会社
装幀・本文デザイン　白岩麗（株式会社ワード）
イラスト　林ユミ（P7、23、25、30、33、57、75、119）

ISBN978-4-8341-0523-0　C0195